H.M.エンツェンスベルガー編
小山千早訳

武器を持たない戦士たち

国際赤十字

新評論

まえがき

「赤十字」は、世界でもっとも古いトレードマークである。ひょっとしたら「コカ・コーラ」よりもよく知られているかもしれない。それに、「ほかのどんな清涼飲料水よりも効果バッグン」などという誇大広告で、のどを乾かせた私たちを不快な思いにさせることもない。このシンボルマークは、マーケティングのエキスパートたちが発案したわけではないのである。

一五〇年前、ジュネーヴの有力者数人の集まりから前代未聞の公共機関が発足することになろうとは、誰も夢にも思わなかったに違いない。今日、「赤十字国際委員会」は億単位の予算を抱えながら世界中で人道的活動を行うコンツェルンへと成長し、また数多くの国際条約によってその地位は比類なきものとなっている。しかし、その活動の内容については、私たちはあまりに知らなすぎる。

本書は、当委員会の起源や歴史、これまでの実際の活動や危機に関する情報を提供するためのものである。混同してはならないのは、旗に赤十字や赤新月、あるいはほかのシンボルを描いた数多くの各国赤十字社だ。これらはすべてジュネーヴに依存することなく活動しており、各自で資金を集め、国際法上あるいは手続き上の条件をある程度満たして国際的に高い評価を得ている団体である。これらの団体の、赤十字国際委員会に対する関係にはまったく問題がないわけではない。なぜならこれらは、ドイツのみにかぎらず、権力と密接していたり汚職事件を引き起こしたりして繰り返し不評を買っているからである。とはいえ、赤十字運動が成功を収めるか否かはこれらのパートナーの尽力と権限に大きくかかわっている。

二〇世紀に起こったさまざまな悲劇や災害の影響は、ジュネーヴに本拠を置くこの委員会にも及んだ。もっとも、大災害が起こることが委員会の存在意義にもなっているのだから、それも不思議なことではない。そして、そう言えるのは創設当時よりもむしろ今の方であろう。

本書は、アンリ・デュナンが一八六三年に書いた、委員会の一種の創立定義ともいうべき『ソルフェリーノの思い出』で始まる。つまり、赤十字創立の直接のきっかけとなった本である。続いて、アーノルド・キュブラーがその経緯やデュナンの運命について報告する。

そのあとには、赤十字国際委員会のその後の発展が、世界中に広がる活動を通じて数章にまたがって紹介されている。当事者によるルポルタージュや資料、実体験報告が、ソマリアからサラエボに至る危険地帯での委員会のフィールドワークを描写する。そしてその中では、ショア[1]に直面したときの赤十字国際委員会の失敗にも触れられている。また、人道的介入が今日対峙しているとされる、今後を左右するような決定的な状況について述べている章もある。

赤十字国際委員会によって果たされている業績を理解しようとすれば、歴史的、分析的、そして管理上の論述だけでは決して満足のいくものにはならない。最終的にこの作業は、よい結果に終わることがないことを知りつつも、その使命に身を捧げた協力者の観点からしか判断することができないのである。本書によって慧眼《けいがん》的で悲痛な現代史を眺望することができるとすれば、それはまず第一にこれらの名も知られぬ人々のおかげといえよう。

ハンス＝マグヌス・エンツェンベルガー(2)

(1) アラブ語でホロコーストの意。

(2) (一九二九～) ドイツ人。叙情詩人、エッセイスト、放送劇作家、翻訳家。そして、ドイツでもっとも名声の高い文学賞「ゲオルク・ビュヒナー賞」の責任者。語学と政治学が混合した作風を特徴とし、批判的な叙情詩で有名。

もくじ

武器を持たない戦士たち——国際赤十字

凡例

1. 本文行間の算用数字（1）（2）（3）…は訳者による脚注である。
2. 原著者による脚注は（原注1）（原注2）（原注3）…として示し、訳者による脚注と区別した。
3. 「　」は原則として原著の（1）引用符に囲まれた語句、（2）斜体字による強調表現、に用いた（一部傍点にかえたところもある）。
4. 『　』は作品や著作物を示す。
5. 〈　〉は新聞および雑誌を示す。
6. （　）は訳者による補記として用いたが、原著にある言語表記を並列する場合にも用いた。
7. 地名および人名は原則として原音表記を心がけたが、慣例を優先させたものもある。
8. 索引は人名のみとした。
9. 本書は、原著 "Krieger ohen Waffen. Das internationale Rote Kreuz" の全一三章のうち、六章の抄訳である。また「まえがき」は、抄訳をしたものを前提として訳者の方にて多少書き換えている。

1 ソルフェリーノの思い出

アンリ・デュナン
Henri Dunant

アンリ・デュナン（またはJ・アンリ）

1928年、ジュネーヴに生まれ、1910年にスイス北東部に位置するアッペンツェル・アウサーローデン州のハイデンで死去。1901年にノーベル平和賞を受賞。『ソルフェリーノの思い出』のほか、1864年『Fraternite et charite internationales en temps de guerre』を出版。原書はフランス語。本書では、オーストリア赤十字社が独訳した全96ページから数ヶ所にわたって抜粋されている。

出典：

Henri Dunant, *Un Souvenir de Solferino*. Genf: Fick 1863.
Henri Dunant, *Eine Erinnerung an Solferino*. Aus dem Französischen von Richard Tüngel. Wien: Österreichisches Rotes Kreuz 1997 .P.9-14, 20-21, 23, 26-30, 32-33, 37, 39-43, 45-46, 48-50, 70-72, 80-81, 84, 86-90.
（文章の抜粋は、オーストリア赤十字社が好意により掲載を承諾。）

郵便はがき

料金受取人払

新宿北局承認

9350

差出有効期限
平成17年9月
24日まで

有効期限が
切れましたら
切手をはって
お出し下さい

169-8790

165

東京都新宿区
西早稲田三—一六—二八

株式会社
新評論

読者アンケート係行

読者アンケートハガキ

お名前	SBC会員番号 L 番	年齢
ご住所 (〒) TEL		
ご職業(または学校・学年、できるだけくわしくお書き下さい) E-mail		
所属グループ・団体名	連絡先	
本書をお買い求めの書店名 市区 郡町 書店	■新刊案内のご希望 □ある □ない ■図書目録のご希望 □ある □ない	

●このたびは新評論の出版物をお買上げ頂き、ありがとうございました。今後の編集の参考にするために、以下の設問にお答えいただければ幸いです。ご協力を宜しくお願い致します。

本のタイトル

●この本を何でお知りになりましたか

1.新聞の広告で・新聞名（　　　　　　　）2.雑誌の広告で・雑誌名（　　　　　　　）3.書店で実物を見て 4.人（　　　　　　）にすすめられて 5.雑誌、新聞の紹介記事で（その雑誌、新聞名　　　　　　　）6.単行本の折込みチラシ（近刊案内『新評論』で）7.その他（　　　　　　　）

●お買い求めの動機をお聞かせ下さい

1.著者に関心がある 2.作品のジャンルに興味がある 3.装丁が良かったので 4.タイトルが良かったので 5.その他（　　　　　　）

●この本をお読みになったご意見・ご感想、小社の出版物に対するご意見があればお聞かせ下さい（小社、PR誌「新評論」に掲載させて頂く場合もございます。予めご了承下さい）

●書店にはひと月にどのくらい行かれますか

（　　　）回くらい　　書店名（　　　　　　）

●購入申込書（小社刊行物のご注文にご利用下さい。その際書店名を必ずご記入下さい）

書名　　　　冊　書名　　　　冊

●ご指定の書店名

書店名　　　　都道府県　　　　市区郡町

ソルフェリーノの戦いを知らない人はいない。誰もが、どこかで何かを読んだり聞いたりしている。これほど心を揺さぶった戦争の記憶はそう簡単には消えないし、ましてやこの数日間の影響が今なおヨーロッパ諸国において尾を引いているとなるとなおさらだ。

私はこの大戦とはまったく縁のない単なる観光客でありながら、特異な状況が重なったことにより、あの衝撃的な光景に立ち会うという比類なき機会に恵まれた。これから、その様子を書き留めたいと思う。ただしここでは、私の個人的な印象のみを描写するつもりだ。ゆえに、事細かな叙述や戦術的な情報といったものは期待しないでいただきたい。そういうことについて書かれた本はほかにもたくさんあるのだから、そちらを参照していただきたい。

記憶から消え去ることのないあの六月二四日、そこには三〇万人を超える人間が対峙していた。戦列は五マイル（約八キロメートル）に広がり、戦いは一五時間にわたって続いた。六月二三日の夜を通して困難な行進に耐え続けたオーストリア軍は、明け方から同盟軍の激しい攻撃にさらされた。この金曜日は、ひどい暑さに疲弊するだけではすまず、二倍の配給量の蒸留酒以外にはほとんど食料を受け取っていなかったため、彼らは餓えと渇きにも苦しめられることとなった。夜明けとともに行進を始めたフランス軍も、朝のコーヒー以外には何も口にしていなかった。そのため、戦っている人間、とりわけこの恐ろしい戦闘が終わったときに不幸にも負傷していた人間はすっかり疲れ果てていた。

オーストリア軍とイタリア・フランス連合軍の容赦なき戦い　（写真提供：オーストリア赤十字社）

（中略）

峠やその前方に広がる丘陵地に陣取ったオーストリア軍が、すぐさまフランス軍に向けて大砲を撃つ。榴弾や爆弾、散弾入りの砲弾が間断なく雨あられと降り注がれる。榴弾砲や大砲から出るモウモウとした煙雲に、弾丸が地面に打ちつけられて巻き起こす土埃が混じる。味方の隊列に死を打ち飛ばしてくる砲兵隊の砲火をものともせず、フランス兵士は何が何でも陣地を奪おうと、平地に吹き起こる荒天のごとく決然として敵地に向かって突進してゆく。その上、戦い全体が本番を迎えて激しく火を吹き上げるのは、焼けつくような真昼の暑さが訪れるころとなる。

遮るものをすべて打ち壊す破壊的な急流のごとき激しさで、密集した隊列が互いに敵を打ち破ろうとしている。フランスの連隊は散兵線(1)でオーストリアの大軍に攻撃を仕掛けるが、オーストリア軍には絶えず新しい援軍がやって来るので、その脅威は増すばかりだ。そして、まるで鉄の壁のごとく、突撃してくるフランス軍を跳ね返す。

銃剣で敵に襲いかかりやすいようにと、各師団は背嚢《はいのう》を背中から下ろす。一つの大隊が撃退されると、すぐさま別の新しい大隊がそれを補う。どの丘でも、どの峰でも、どんな岩の突出部でも執拗な戦いが繰り返されている。そして、高地にも谷あいにも死体が山となって転がっている。

（1）敵前で兵を密集させず、適当の距離を隔てて散開する兵士が形成する戦闘線。

それは一対一の戦いだった。身も震える恐ろしい戦いだ。オーストリア軍も同盟軍も、兵士は互いに足で踏みつけあい銃床で殺しあい、敵の頭を打ち砕き、サーベルや銃剣で腹を切り裂く。情けも容赦もない……それはただの虐殺だった。怒り狂い、血に餓えた野獣の戦いだった。ケガを負った者ですら、最後の最後まで身を守り続けている。武器をなくせば敵につかみかかり、歯でのどを噛みちぎる。

ほかでも、似たような戦いが荒れ狂っている。騎兵中隊が突進してくると、それはさらに恐ろしさを増す。蹄鉄を打った馬が死人やケガ人を踏みにじる。下あごをもぎ取られたり、頭を打ち割られたりする哀れな負傷者。胸を押しつぶされたあの男はまだ助かる見込みがあったろうに。ののしりや怒りの叫び、痛みや絶望の叫び声が馬のいななきに混じる。騎兵の後には砲兵隊が全速力で続く。彼らは、地面に横たわる死者や負傷者を踏み分けて進む。はじき砕かれた頭から脳みそが飛び散り、肢体は砕き折られ押しつぶされ、胴体は形をなくした塊《かたまり》となる。地面には文字通りヌメヌメと血がしみ込み、平野はもはや識別できない人間の残骸で一面を覆い尽くされている。

（中略）

銃剣を持ったズワーブ兵(2)が野獣のごとく飛び跳ね、狂ったように雄叫びを上げながら前へ前へと突き進んでくる。フランスの騎兵隊が、オーストリアの騎兵隊に攻撃を仕掛ける。竜騎兵(3)と軽騎兵(4)が互いに突き刺しあい、ズタズタに引き裂きあう。戦いの熱気に興奮し、馬もまた同じ激昂に襲われる。騎手が切りつけあったり刺しあったりする傍らで、馬たちも敵方の馬に飛び掛かり、所かまわず噛みつきまくる。

みんな憑かれたように戦っている。弾薬類が尽きたり武器が壊れたりした所では、石を投げ、こぶしで戦う兵士もいる。クロアチアの兵士は、進路をさえぎる者を皆殺しにする。敵軍の負傷者を、冷酷に銃床で殴り殺していくのだ。アルジェリアの歩兵もまた同じように、不運にも負傷してしまったオーストリアの将校や兵士を殺していく。統率者は激情に駆られる彼らを何とか鎮めようとするが、何をしても無駄だった。彼らは吠えるような叫び声や荒々しい罵詈《ばげん》とともに、敵方の隊列に突っ込んでゆく。

最強の陣地が奪われ、失われていく。再び奪われ、新たにまた失われるために……。何千人もの人間が命を失い、傷つき、ズタズタになり、銃弾で打ち抜かれ、あらゆる種類の弾丸に当たって死んでいく。

（中略）

（2）一八三〇年ごろに仏領アルジェリアで編成された、主としてベルベル種族からなる歩兵部隊の隊員。
（3）一六～一七世紀以降、ヨーロッパで銃を持った騎馬兵。また、その伝統を継ぐ装甲騎兵隊の兵。
（4）軽装した騎兵。また、すばやく活動する騎兵。

敵方の射撃の中を、従軍商人の女たちが兵卒と同じように前方に急ぐ。水を求めて叫び続ける哀れな負傷者を助けようとしているのだ。しかし、水を与えたり介抱したりしようとする間に、自分たちもケガをしてしまう。その横では、軽騎兵の将校が一人、榴弾が命中して彼の上に重くのしかかる馬から何とか這い出ようとしている。彼自身も傷を負い、失血して疲れ果てている。少し目を移せば、一頭の馬が血だらけになった騎手の死体を引きずりながら駆け足で疾駆してゆく。そうかと思えば、一歩一歩気を配りながら、この荒れ狂う激しい戦闘の犠牲となった人々をいたわろうとする騎手よりも人間らしい馬もいる。

銃弾に倒れたフランス外人部隊の将校が、地面の上に大の字になって転がっている。彼は、アルジェリアから犬を一匹いっしょに連れてきていた。彼によくなつき大隊の人気者になっていたその犬は、行進のときも一時として彼のそばを離れなかった。だが、その犬も部隊の激しい攻撃の巻き添えとなり、将校から数歩離れた所で同じように銃弾に当たる。何とか飼い主の所まで這っていったものの、その死体の上でついに息絶える。また、ある歩兵が育て、皆からかわいがられていた別の連隊のヤギは、豪胆にも球形砲弾や散弾入り砲弾があられのように降り注ぐ真ん中に立ち続けている。まるで、ソルフェリーノに巻き起こったこの強襲に参加しているかのようだ。

（中略）

突然、空が暗くなり、密雲《みつうん》が地平線に姿を現す。荒れ狂う嵐が巻き起こり、木々の枝をバリバりと引き裂いてはるか彼方まで吹き飛ばしていく。暴風にあおられ、冷たい雨が激しくむち打つ。まさに突然のどしゃ降りが、空腹と緊張ですでにクタクタになり、砲煙や巻き上がる埃で目をつぶしてしまった戦士めがけて激しく降りかかる。彼らは、いまや自然の力とも闘わねばならなかった。それでもオーストリア軍は、将校の命令に従って一ヶ所に集合する。五時ごろには、双方ともこの戦いを中止せざるを得なくなる。土砂降りの雨やあられ、稲光に雷鳴、そしてついに戦場全体を包み込んだ闇によって戦いの続行は不可能となったのだ。

（中略）

オーストリア部隊ではあちらこちらの陣地でパニックが発生し、退却のはずが逃避となった連隊も現れる。豪胆な勇気を振るって戦った将校たちが兵士を引き止めようとするが、どうすることもできない。呪文も罵詈《ばげん》も、あるいはサーベルでおどしても効き目はない。たった今まで勇敢に戦っていた兵士たちなのに、いくら打たれ、ののしられても、恐怖に打ち負かされてもはや彼らの逃避はどうにも止めようがなかった。

（中略）

交戦中の連隊の救護所および野戦病院の目印として、通常は戦闘が続く間、高い地点に黒い旗が立てられる。この場所は、暗黙の了解で攻撃されないことになっているが、そこにもときおり爆弾が落ちることがある。そうなると、行政官や監視員も無事ではすまず、また負傷者にスープを煮てやるためのパンやワインや肉を積んだ荷車も同じ運命をたどる。歩ける傷兵は自力でこの救護所へ向かう。失血のため、あるいは介護不足で疲弊している人間は、輿《こし》や担架でそこまで運ばれる。

起伏が多く、二〇キロメートル以上にも広がるこのような土地では、これほどの大規模な戦闘ともなると数多くの転変が発生する。それゆえ、兵士や将校、将軍たちには一度始まった戦いがそれぞれどのような終結を迎えるかということをきちんと判断することができない。戦闘そのものの中では、自分のすぐ横で何が起こっているかをはっきりと認識し判断することはほぼ不可能だ。オーストリア軍では、戦いの際に見られる混乱や上層司令部からの精密で詳細な命令不足から、これらの一般的な知識の欠如がさらに拡大した。

カスティリョーネからヴォルタまで続く高地が何千という火で光り輝いている。オーストリア軍の弾薬用荷車の残骸、あるいは弾丸や嵐で引きちぎられた枝などが燃やされているのだ。兵士たちは、これらの焚き火で濡れた軍服を乾かす。へトへトに疲れ果てた彼らは、石の上や剥き出しの地面の上で眠り込む。まだ横にならずにおれるのは、疲れを知らない人間だけだ。彼らはスープやコーヒーを沸かそうと、水を探しに出かける。何しろ、この日は一日中休息を取ることができなかっただけでなく、何一つとして口に入れることもできなかったのだ。

何と悲惨きわまりない出来事、そしてありとあらゆるかぎりの失望！　食料のある大隊など一つもない。とりわけ無一物になってしまったのが、背嚢《はいのう》を下ろすように命令された多くの中隊だ。水も不足している。そして、のどの渇きに耐えきれない将校や兵士たちは、汚物や泥、流れ出る血が入り混じった水たまりに口を寄せ、そのドロドロの水を飲む。

夜の一〇時から一一時の間に露営に戻った軽騎兵は、ひどい疲れにもかかわらず、コーヒーを入れるための木や水を探しに遠方へ送られ、その途上で「水をくれ」と切願する瀕死の兵士に数多く出会う。軽騎兵たちは、自分たちのやかんをほとんどすべて空にしながらこの人道的義務を果たす。それでも、彼らはついにコーヒーを沸かし終える。だが、コーヒーが入るか入らないかのうちに今度は遠くから銃声がとどろき、すぐさま警笛が鳴り響く。軽騎兵は馬にまたがり、銃声が聞こえた方向に向かって走り出す。もはや、混乱の中で入れてもらったコーヒーを飲んでいる暇はない。敵の部隊が反撃に出たのかと思われたが、それはまもなく味方の前哨に発生した誤解であったことが明らかとなる。同じように水や木を探しに出た味方の兵士をオーストリア兵だと思い込み、番兵が彼らに向かって発射したのだった。

この警報が収まると、軽騎兵は疲れ果てて帰還し、露営に倒れ込んで何も口にしないまま残りの夜を眠り通す。この帰り道にも彼らは多くの負傷者に出会うが、ケガ人のすべてが水を求めていた。彼らの露営からほど近い所に倒れているティロルの兵士は、心を揺るがすような言葉で止むことなく水を請い求めるが、彼にやれるものは何もない。何しろ、もう一滴の水も残っていないのだから。翌朝、彼は唇を泡で覆われ、口の中に土をいっぱい詰め込んで死んでいた。腫れ上がった顔は緑と黒に変色している。すさまじい痙攣に朝まで身をよじり続けた彼の手は固く握りしめられ、その爪は肉に食い込んでいた。

夜の静寂の中にうめき声やのどをつまらせたような恐怖の叫び、痛みを訴える叫び、胸を引き裂かれるような助けを求める叫び声が聞こえる。この恐ろしい夜の断末魔を、どのように言葉にすることができようか！

六月二五日の太陽が、想像の及ぶかぎりでもっとも恐ろしい光景を照らしだす。戦場は、人間と馬の死体で至る所が埋め尽くされている。道路の上、塹壕や小川や藪の中、野原の上とありとあらゆる場所に死人が横たわり、ソルフェリーノ一帯では文字通り死体が辺り一面を覆い尽くしている。田畑は荒らされ、穀物やトウモロコシは踏みつぶされ、生け垣は破壊され、垣根は引き倒されている。そして、血の海が遠方まで延々と続いている。村はどこも人気《ひとけ》がない。銃撃や流形砲弾、榴弾、榴弾砲に荒らされた跡が至る所に見える。積み立てられた壁は壊れ、銃弾で大きな隙間ができてハチの巣のように穴だらけだ。家屋は破壊され、裂け目が入り、傾き崩れ落ちている。住民は、光も食料もない地下室に二〇時間近くも隠れていた。その彼らが姿を現す。耐え抜いた長い恐怖に気が混乱している。

ソルフェリーノ、とくに村の墓地には、武器や背嚢《はいのう》、弾入れ、ゲートル、チャコ(5)、ヘルメット、略帽(6)、剣帯、そしてそのほかにもズタズタになった血まみれの服の切れ端や折れた武器が山と積まれている。

昼の間に発見されて連れてこられた不幸な負傷者は弱々しく顔色も悪く、心の平衡を失っている。とくにひどいケガを負った兵士などは、ぼんやりと前を見つめるだけで何を言われているのか分からないといった様子だ。救助に来た人をうつろな目で見つめるばかりで感情を失ってしまったように見えるが、それでも負った傷の痛みからは逃れることができない。あるいは神経がすっかり参ってしまい、平静を失った人間もいる。彼らは、ひきつったように身をすくませている。開いた傷口がすでに炎症を起こしている兵士は、痛みで分別を失っているかのようだ。彼らは殺してくれと口々に頼み、最後の最後まで断末魔に顔を引きつらせて身をよじる。

別の場所では、銃弾や榴弾の破片が当たって地面に打ちのめされた上に、不幸にも車輪や大砲に轢かれて腕や足が粉砕された兵士たちが横たわっている。円筒形をした弾丸に当たると骨は完全に打ち砕かれてしまい、このようなケガは必ずひどい重傷となる。しかし、榴弾の破片や円錐形の弾丸も痛みのひどい骨折の原因となるし、恐ろしい内臓損傷を引き起こすこともしばしばである。どんな裂片も骨片も、あるいは衣服の切れ端、靴、装具、土、弾丸の一部など、ありとあらゆるものが痛みに苦しむ負傷者の傷を刺激し、治癒をやっかいにし、苦しみを倍にする。

先の戦いの舞台となったこの広い土地をさまよい歩くと、混乱の真っただ中を一歩進むたびに、

（5）筒形の軍帽。今日では警官帽としてのみ使われている。
（6）軍隊で、戦闘・訓練の場合などに用いた帽子。戦闘帽。

筆舌に尽くし難い比類なき絶望と恐ろしい苦しみに出くわす。

（中略）

盗賊に衣服を奪われた死人をあちこちで目にする。まだ息のある哀れな負傷者にも容赦はない。ロンバルディアの農民たちは、とくに靴や長靴に狙いを定め、死体の膨れ上がった足から乱暴にそれらを引き抜いていく。

（中略）

死んだ兵士の中には、静かな安らぎを顔面に浮かべている者もいる。弾丸が当たった瞬間に即死した兵士たちだ。だが、ほとんどの死者には断末魔の形跡がうかがえる。肢体は硬直して伸び切り、体は鉛色の死斑で覆われ、手は地面に食い入って目がカッと見開いている。トゲのように逆立った口ひげ、口は気味の悪いひきつった笑いにゆがみ、その間からぐっと食いしばった歯がのぞいている。戦場の死体を埋葬するために三日三晩が費やされた。しかし、これほど広い土地ともなると、多くの死体が溝の中や畑の畝、藪のうしろ、あるいは塹壕の中に隠されてしまい、発見されるのにかなりの時間がかかった。そして、戦死した馬とともにいつまでも悪臭を放ち続けていた。

死者を埋葬したり名前を確認したりする作業のために、フランス軍では中隊ごとに一定の数の人間が軍務からはずされる。一般的には、各兵団の兵員がそれぞれの戦友の処置を取ることになっている。彼らは遺体を発見したあとその認識番号を確かめ、ロンバルディアの農民を雇って正装した亡骸を共同墓地に埋葬させる。遺憾なことながら、注意が足りなかったり無頓着が甚だしかったりする農夫のために、死人と一緒に埋められた生存者も一人や二人ではなかったと思われる。将校が身に着けていた勲章や金、時計、手紙、書類などはのちに家族の元へ送られるはずだったが、埋葬しなければならない死体の数が多すぎたため、このことが忠実に守られることはなかった。

両親のお気に入りの息子、些細なことにも優しい母が常に心をくだき、何年にもわたって育て続けて面倒を見続けてきた息子、あるいは家族から敬われながら妻と子をあとに残した立派な将校、そして出兵の前に母や兄弟、年老いた父に別れを告げた若い兵士、それに花嫁に別れを告げた若者もいる——彼らはいまや、みな汚物や埃の中で血まみれになって横たわっている。

男らしい美しい顔はもう判別不可能だ。サーベルや、散弾入りの砲弾は手加減を知らない。彼らは苦しみ、こときれた。かつて盛んに世話を焼いてもらったその肉体は、いまや切り刻まれ、むくみ上がり、火薬で真っ黒になっている。そして、慌ただしく掘られた墓にそのまま投げ込まれて、石灰や土をシャベルで二、三度かけられるのみなのだ。ぬかるんだ地面や墓の代わりとなっている藪から飛び出した手足をめがけて、肉食鳥が急降下してくるかもしれない。それでもきっといつの日か、誰かがまたそこへやって来て土を盛り上げ、墓の上に木の十字架などを立ててくれるにちがいない。だが、それきりなのだ！

オーストリア軍の死体が高台や急傾斜、丘の頂上に何千と横たわっている。メドーレの木立や雑木林、畑、庭、草地の間に散り散りになって倒れている。ズタズタになったリンネルの胴着や汚物で汚れた灰色のマント、そして血で赤く染まった白い軍服を身にまとって。その上にはハエが群がり、豊かな食事にありつけるとばかりに緑色の死体の上を肉食鳥が旋回する。彼らは、大きな共同墓地に何百という単位でひとまとめにして埋められる。

ほんの数週間前に召集されたばかりのハンガリー、ボヘミア、あるいはルーマニアの若者たち。せっかく射程距離の外に出られたというのに、彼らの多くはその瞬間に疲れや体力消耗のためにくずれ折れ、そのまま再び立ち上がる力が戻ることなく命尽きてしまった。ほんの軽い負傷だったにもかかわらず、どれだけの兵士が出血多量のために衰弱し、その果てに疲れと空腹で惨めに死んでいったことか！

（中略）

輜重隊《しちょうたい》(7)の荷車が、長蛇の列となって道路を埋めている。荷台には兵士や下士官、各階級の将校、騎兵、歩兵、砲兵がみな入り混じっている。一人残らず出血し、疲れ果て、ズタズタになった軍服をまとい、埃にまみれている。ラバが速足になると、背に乗せられている負傷者はその歩調が引き起こす痛みに叫び声を上げる。そこに片足を打ち砕かれた男がいるが、その足はほとんど体からちぎれてしまいそうだ。荷車が少し揺れただけでも、そこに横たわっている彼には新たな痛みが走る。腕を折った男は、もう一方の手でその腕を支えてかばおうとしている。烽火《のろし》のステッキに左腕を突き抜かれた伍長は、自分でそれを引き抜くと、杖の代わりにしてそのまま体を引きずるようにカスティリョーネまで歩いていく。負傷者の多くは、運ばれていく途中に息が絶える。その死体は道端に置かれ、後で埋葬される。

（中略）

土曜日に村へ運ばれてきた負傷者の数は膨大で、行政機関や住民、カスティリョーネに残された部隊の一部はもはやこの悲惨な状態に対してどうすることもできない。こうして、これまでの数日とは異なれども、嘆かわしいことには少しも変わりのない光景が始まる。ここには水も食料も十分にあるが、それでも負傷者は空腹やのどの渇きで死んでいく。ここには包帯用のリント布も十分用意されているが、それらを傷口に巻く手がない。軍医のほとんどは部隊の後を追わねばならず、カプリアーナへ出発してしまう。看護をする人間が足りない。負傷者の運命を左右するこの大切なときに、援助の手を十二分に調達することができない。自発的な救助活動が可能なかぎり組織されるが、カスティリョーネの全住民を捕らえたまさにパニック的な驚愕の真っただ中

(7)　軍隊に付属する糧食、被服、武器、弾薬など軍需品の輸送に任ずる隊。

では、それも非常に困難である。興奮はますます大きくなり、哀れな負傷者にまで感染して彼らの容態を悪化させる。

（中略）

馬は、荒れ狂いながら四方八方へ駆け去っていく。恐怖や怒りの叫び声が響いたかと思うと、輜重隊《しちょうたい》の荷車の列が一つ残らず引き倒され、ビスケットの積荷がごっそりと側溝に投げ出される。御者に仕立てられた農夫たちは恐怖に襲われ、馬を車から外して、手綱をぶら下げたまま近くのモンテキアロやブレシアの町へと道の上を駆け去ってゆく。通り抜ける先々で彼らが恐ろしいニュースを広めていくので、いつしか名状しがたい混乱が発生する。ブレシアの町の当局は、定期的に食料品やパンを同盟軍の兵士に追送していたが、これらを積んだ荷車は「乗せてくれ！」と懇願する負傷者をやりすごして走り去っていく。ケガを負った彼らは、絶望のあまり傷口から包帯を引き剥ぎ、フラフラした体で教会を後にすると、この先どのくらい歩けるのかも分からぬままヨロヨロと体を引きずるようにして道の上を歩いてゆく。

この六月二五、二六、二七日の三日間、何という断末魔、何と痛ましい光景を目の当たりにすることか。傷は水や看護の不足、それに暑さと埃で炎症を起こし、そのために痛みがますますひどくなる。野戦病院に使えそうな場所を清潔に保とうと監理局がいかに賞賛すべき苦労をしても、息もつまりそうな熱れ《いき》に空気は悪臭で満たされてしまう。そしてまた、救助活動や看護人、使用人の不足も歴然となるばかりだ。なぜなら、カスティリョーネに向けて出発する運搬車が新しい負傷者の一団を一五分おきに連れてくるのだから。軍医中尉と二、三人の男が牛車を使って効率よく定期的にブレシアへ運搬をしようと試みても、あるいは病人やケガ人を自宅で看護しようと自発的に荷車でやって来て、まずは将校から順番に引き取っていくブレシアの住民の熱意がいかに大きくとも、到着する荷車の方が出発する方より多いため、村のこの状況は悪化する一方である。

カスティリョーネの病院や教会では、石でできたタイルの上にあらゆる国籍の病人が互いに肩を並べて横たわっている。フランス人、アラブ人、ドイツ人、スラブ人……彼らは空いている場所にいったん寝かされるともはや自力で動くことができず、また狭い部屋の中では身動きもままならない。ののしりや冒涜の声、言葉にできない痛みを訴える叫び声が祓い清められた空間を覆う丸天井からはね返る。

「ああ、ムッシュー、何というつらさか！」と、不幸な人々の一人が私に言う。

「私たちは見捨てられた。惨めに死に追いやられるんだ。あんなに勇敢に戦ったというのに！」

彼らは途方もない苦労を耐え抜き不眠の夜を過ごしていながら、なおも安息を得ることができない。「医者を呼んでくれ」と必死になって請い、痙攣に身を引きつらせながらのた打ち回る。そしてそれは、硬直性痙攣が訪れるか、死が彼らを解き放ってくれるまで続く。一方では、化膿した傷に注がれる冷水が蛆虫を生み出すと信じて疑わない兵士たちがいる。このようなばかげた恐怖感から、彼らは包帯を湿すのを拒む。野戦病院ですでに包帯を巻かれている者は、カスティリョーネ滞在を強いられている間、ずっとその包帯を替えさせようとしない。だが、包帯は運搬中の揺れを考慮して非常にきつく巻かれている。その包帯を替えもせず緩めもしないのは、負傷者にとっては責め苦以外の何ものでもない。

彼らの顔は、傷口に集まってくるハエで真っ黒だ。目は何かを探し求めるように頼りなく空をさまようが、答えを見つけることはない。マントやシャツ、肉、そして血からなる身の毛もよだつような得体の知れない混ぜ物の中に蛆虫が食い入ってきている兵士もいる。この蛆虫に噛み破られるのではないかと思って震えている兵士も少なくない。彼らは、この蛆虫が自分の体の中から這い出てきていると思っているのだ。実際は、空中に群がる無数のハエから生まれているのだが……。

そこに横たわっている兵士は完全に変形している。引き裂かれ、打ち砕かれたあごから異常に長い舌がダラリと垂れ下がっている。彼は、起き上がろうと必死だ。私は、彼の干からびた唇と乾き切った舌を軽く濡らしてやる。それから、ひとつかみのリント布を手に取り、それを私の後ろから運ばれてくるバケツに浸して、口の代わりに開いている不恰好な裂け目へと水を絞り入れてやる。

サーベルで負傷し、顔の一部をもぎ取られた不幸な兵士もいる。鼻と唇と下あごが、頭のほかの部分から切り離されている。話すことができず、目もほとんど見えない彼は手振りで合図を送る。発音の不明瞭な音声を伴う、このギョッとするような仕草で注意を引いている。私は彼に水を与え、血だらけの顔の上に澄んだ水を数滴したたらせる。あるいはまた、頭が大きく裂けた瀕死の男もいる。脳みそが、教会の床を覆う板石の上に流れている。別の負傷者が、通路をふさいでいる彼を足で蹴る。私は断末魔の中の彼を守り、まだ弱々しく動いている哀れな彼の頭を自分のハンカチで覆ってやる。

どの家も看護の場に様変わりし、どの家族も引き取った将校の世話に追われているが、それでも私は日曜の朝からまとまった数の地元の女性を集めることができた。負傷者の役に立とうと、彼女たちはできるかぎりのことをしてくれる。今必要とされているのは、切断云々の手術ではない。腹をすかせ、のどを乾かせて死にそうな人々に食べ物を与え、とりわけ水を与えてやらなければならないのだ。傷に包帯を巻き、汚れと血にまみれ、害虫で覆われた体を洗ってやらなければならないのだ。そしてこれらすべては、気分が悪くなるほどの悪臭と負傷者の嘆きわめく声やうめき声がこもった、息も詰まりそうな熱い汚れた空気の中で行われなければならないのである。

まもなく、ボランティアの小さな輪ができあがった。ロンバルディアの女性たちは嘆くばかりではなく、一番大きな声で叫ぶ者のもとへと急ぐ。私は、助けの手がもっとも足りないと思われる市区の援助をできるだけうまく組織しようと試みる。とくに心にかかるのが、カスティリョーネの教会のうち――ブレシアを背にして左手の――高台に立つ、思い違いをしていなければキエーザ・マジョーレという名前の教会だ。ここでは、圧迫感を覚えるほどの狭さにおよそ五〇〇人の兵士が収容されていた。そして、教会の前でもさらに一〇〇人を超える人々が日よけに張られた布の下に藁を敷いて横たわっている。

中廊では、女性たちが澄んだ水をなみなみと入れた瓶や手おけを持って順番に兵士ののどの渇きを鎮め、傷を湿らせていく。これらの応急に集められた看護婦の中には、上品で美しい若い娘も何人かいる。彼女たちのもの柔らかさや気だてのよさ、涙まじりの同情の眼差しが、その心遣いにあふれる看護と同様、病人の自信や勇気を再び盛り上げてくれる。

地元の小さな男の子たちは、手おけや瓶、じょうろを手に持って、教会とその近くの井戸の間を行ったり来たりしている。負傷者全員に水が与えられると、今度は肉汁やスープが配られる。食料調達所は、途方もない量の食料を届けなければならない。リント布が大きな束に丸められてあちこちに置いてある。それは、誰でも欲しいだけ持っていってよい。だが、包帯や亜麻布やシャツは足りないままだ。

（中略）

「死にたくない。死にたくないんだ！」

三日前にはまだ健康で元気だったのに、いまや瀕死の選抜歩兵が激情にかられて叫ぶ。もうどうすることもできない最後のときがやって来ていることはよく分かっているはずなのに、この陰鬱な事実に抵抗し戦っている。私は、彼と話す。彼は、私の言うことに耳を傾けて気を鎮める。

心が穏やかに安らいでゆき、最後には罪を知らぬ子どものように静かに死んでいく。

教会の裏側にある聖堂内陣の中では、祭壇のニッチの左側にアフリカの狩人が藁を敷いて横たわっている。彼は嘆きもせず、身動きもほとんどしない。三発の弾丸が彼に命中していた。一発は右側、一発は左肩、そしてもう一発は右足に埋まったままだ。それは日曜の夕方のことだったが、彼は金曜の朝からずっと何も食べていないと断言する。彼を見ていると、実際に吐き気がこみ上げてくるほどだ。衣服はズタズタに引き裂かれ、乾いた汚物や流血で覆われている。シャツは、ぼろきれとなってぶら下がっている。傷口を洗い、肉汁を少しばかり流し込み、毛布にくるんでやると、彼はいつまでも感謝の言葉を述べながら私の手を自分の唇に寄せる。

教会の入り口に横たわっているハンガリー人は、倦《う》むことも休むことも知らずに叫び続け、イタリア語で悲痛に医者を求めている。彼の腰部は散弾入り砲弾に撃ち抜かれ、まるで鉄の鉤で刻みつけられたかのようだ。ピクピクと痙攣する赤い肉がむき出しになっている。むくんだ彼の体は、そこ以外は黒と緑っぽい色に変色している。彼は、座ることも横になることもできない。私はリント布の束を新鮮な水に浸し、それで彼に一種の寝床のようなものをつくってあげた。

彼からほど近い所では、ズワーブ兵が熱い涙にくれており、まるで小さな子どものように慰めてやらねばならない。これまで耐えてきた辛苦、食料や休息の不足、病的なまでの興奮や何の助けも得られずに死ななければならないのではないかという恐怖感には、豪胆な兵士ですらも神経質になって思わずうめき声やため息を漏らすのだった。

大きな損失とともに引き揚げていくオーストリア軍　（写真提供：オーストリア赤十字社）

両交戦国の犠牲者を助けるデュナン　（写真提供：オーストリア赤十字社）

協力する市民　　　　　　　（写真提供：オーストリア赤十字社）

（中略）

状況がこれほど異常かつ深刻であるのに、自分はほとんど何もすることができない。この苦悩は、言葉ではとても言い表せないほどだ。看護しているその人の痛みを和らげてやれず、助けを請う人々のもとへ行くことができないというのは本当にやりきれない。行こうと思った所にたどり着くまでにとてつもなく時間がかかる。こちらである兵士に呼び止められ、あちらでまた別の兵士が呼んでいる。一歩進むたびに、まとわり迫ってくる不幸な群衆に引き止められる。だがどうして、左側で多くの人間が死に瀕しているというのに、優しい一言も慰めの言葉もかけることなく、焼けつくようなのどの渇きを癒すためのコップ一杯の水すらも与えることなく、右側にいる人間の所へ行かなければならないのか？

人間の命は貴重であるという道義にかなった考え、これほど多くの不幸な人々が味わっている苦しみを少しでも和らげたり、失ってしまった勇気を再び与えたりできればという願望、あるいはそのような刹那刹那に義務的に行う神経を集中させたたゆみない行動、これらすべては極限的な活動力を新たに呼び起こし、さらにそれが膨大な数の人々であろうが可能なかぎり助けようとする抗しがたい意欲を生み出す。見るも恐ろしい超越した悲劇、そのありとあらゆる光景を目の前にすると、どんな感情も消し飛んでしまう。

無惨に姿が変わった死体のそばをまったく無関心に通り過ぎる。ここに書き記した光景よりもさらに恐ろしい光景を——ペンはつい滞ってしまうが——ほとんど冷たい目で見ている。それでも、たとえばごく単純な出来事や散発的な事柄、思いもよらぬ偶然、あるいは心に直に触れたり、共感を引き起こして人間のもっとも繊細な本質を揺さぶったりするような状況を目の当たりにしたときには、どうしようもない苦々しい悲しみに揺さぶれながら、突然、心臓が止まる思いをすることもあるのだ。

（中略）

戦闘後の初めの八日間、ベッドの脇を通り抜ける医者から「もうなす術《すべ》がない」とあきらめ顔に言われた負傷者は、それ以後まったく看護されなかった。そして、彼らは寄る辺なく寂しく死んでいった。だがこれは、付き添いの手が少なく負傷者の数が膨大だったことをかんがみれば、まったく自然なことではなかろうか。健康体に戻れる可能性のある兵士が是非とも必要とする貴重な時間をそれらの負傷者に分け与えることなく、看護もせずに死なせてしまうのはいかにも絶望的で恐ろしいことである。しかし、これは論理的にどうしても避けきれない事柄ではないだろうか。

このようにして、初めから判決を言い渡されてしまった人間の数は多かった。これらの不幸な人々は、そういった冷酷無情な現実に対して何も感じなかったわけではない。彼らはまもなく自分たちが見捨てられたことを十分に悟り、誰かに悲しんでもらうことも、あるいはただ気づいてもらうことさえなく、心をちぢに乱して苦々しい思いで死んでいったのだ。

このような終末は、たとえば近くで寝ている軽傷の若いズワーブ兵たちが猥褻で不穏当な冗談を言いあい、死に逝く人間に一刻の安らぎも与えなかったりしたことからさらにわびしく悲痛となった。あるいは、彼の横でも戦友が一人息を引き取り、自らも死を目前にしながら、死者がいかに乱暴かつ無関心に片付けられるかを見るはめとなり、自分ももうすぐ同じ運命をたどるのだと思わずにはいられなかったかもしれない。だが、死に瀕している彼を見て、衰弱しているのをいいことに彼の背嚢《はいのう》の中をくまなく探し、気に入ったものがあればすべて取り出してしまった人々がいたことに気がつかなかったのであれば、彼はまだ幸運だったといえよう。

寂しく死んでいった彼に宛てられた家族からの手紙は、この八日間、郵便局に預けられたままだった。これらの手紙を手渡していたら、それは彼にとってすばらしい慰めとなっていただろうに……。彼は、「手紙を取って来てくれ」、「そうすれば死ぬ前に読むことができるから」と何度も看護人たちに頼んだが、怠慢な彼らは、「そんな時間があるものか」とか「ほかにやらなければならないことがあるんだ」などとぶっきらぼうに答えるだけだった。

哀れな殉教者よ、君は戦場で弾丸に当たり、そのまま逝った方がよかったのだろう。人が名誉と呼ぶ、あの壮麗な恐怖の真ん中で。君にはあと一歩というところだったが、大佐と肩を並べて連隊の旗を守るために戦死していたら、君の名前は少なくとも少しは栄誉に輝いただろうに。いや、それよりも意識を失って死んでいるように見えた君は、イトスギの丘だかメドーレの平野だかで発見された後、穴を掘り、死体を埋めるよう課せられた作男の手で生き埋めにされていた方がもっとよかったのかもしれない。その方が、少なくともあのおぞましい断末魔が長く続くことはなかっただろう。だがいまや、君は断末魔を最初から最後まで耐え忍ばねばならない。君の目の前に浮かぶのはもはや栄誉の戦場ではなく、筆舌に尽くし難い苦しみの後にはおどろおどろしい死が冷たく不気味に姿を現す。そして、君の名前の後ろに刻まれた「行方不明」という短い言葉が、君に対する弔辞のすべてとなるのだ。

出征当初やソルフェリーノでの戦いの日々に命をかけた瞬間、あるいはいとも気安く殺すことに何のためらいも覚えず、勇しく突進しながら自分と同じく兵士だった人間の血を求めた瞬間、これらの瞬間にこの勇敢な戦士をあれほど奇妙かつ神秘的に興奮させた熱狂はいったいどこに消えてしまったのか。そう、まさに酔いしれんばかりのあの名状しがたい正真正銘の熱狂はどうなってしまったのだろう。ロンバルディアにある数々の大きな町の門を初めてくぐってからというもの、栄誉に対する愛着はいったいどこへ行ってしまったのか。軍歌の旋律が打つ誇り高き拍子や高らかに鳴り響くファンファーレが放つ戦闘的な響きによって何千倍にも高揚したあの共有の戦闘意欲、あるいは熱狂や危険という誘惑、そして見境のない激しい興奮に死への思いがすべて締め出され、ぶつかった弾丸の金属の破裂音を聞いて激しくたきつけられたあの戦闘意欲はどこへ行ってしまったのだろうか。

ロンバルディアの数多くの病院では、人々が大げさに「名声」と呼ぶものに対してどんな代償が支払われなければならないかということをまざまざと見せつけられた。そして、この名声がいかに多くの犠牲を払って得られるかということも。

ソルフェリーノの戦闘は、一九世紀の損失という面から見たとき、ボロディーノ(8)やライプツィヒ(9)、ワーテルローの戦いと比較できる唯一の戦いである。あの一八五九年六月二四日の結果として、オーストリア軍、フランス軍、サルディニア軍の死者および負傷者は元帥三人、将軍九人、全階級の将校が一五六六人、厳密にはオーストリア軍六三〇人、同盟軍九三六人、そしてさらに約四万人の兵士や下士官が数えられる。二ヶ月後、三つの軍隊のこの数字にはさらに四万人以上の兵士が加算された。彼らは熱病にかかったり、六月二四日およびその直前直後の異常な緊張やロンバルディアの平地の有害な気候と熱帯のような暑さのため、そして最後に書かせてもらえば、兵士たちの不注意のために病にかかったりして死んでいった。

つまるところ、中立かつ不偏不党に判断したとき、軍や名誉にかかわる観点を除けば、ソルフェリーノの戦いはまさにヨーロッパに降りかかった災いでしかなかったのである。

(中略)

しかし、いったい何のために苦痛や絶望の場面をこれほど数かぎりなく描写し、実にやり切れぬ気持ちを呼び起こしたりするのか。どうしてこれほど屈託なく痛ましい光景を詳述し、絶望的でこだわりすぎだといっても過言ではないほどまでに細叙《さいじょ》するのだろうか。実に自然なこの疑問を、次のような別の疑問で答えさせていただきたい。

すなわち、献身的で熱意があり、またとくに適性のあるボランティアに戦時の負傷者を看護させる——このような目的を定めた救援組織を平穏と平和の時代に設立する方法はないものだろうか。比較的平安で落ち着いている時期に、非常に包括的かつ重要なある問題を人道とキリスト教という二重の観点から検討してみてはどうかと思う。この件に関して、決断を下してみてもよいのではないか。以下に、その理由を述べる。

❶平和愛好者団体が抱く希望や期待、サン・ピエール[10]師の夢やセロン伯爵[11]の熱狂的な幻想が実現する日は来ないであろうと思われる。

❷「人類は、いまや憎しみあわなくても殺しあえる。絶滅させることは最高の名誉であり、最高の技である」という偉大な思想家の言葉が幾度となく繰り返されそうである。

(8)　一八一二年、ナポレオン一世がモスクワに遠征し、凄惨な戦いの末ロシアに勝利した。ボロディーノはモスクワの西にある村。

(9)　一八一三年、ドイツ東部にあるザクセン地方の都市ライプツィヒで、プロイセンをはじめとする同盟軍がナポレオン軍に大勝した戦い。

(10)　(一六五八～一七四三)　本名はCharles-Irene　Castel。フランスの作家でイエズス神学校に学ぶ。ヨーロッパ内の戦争を防ぐ方法を追及し、それには国家同盟が最良の解決法であるという結論に達する。

(11)　(一七八二～一八三九)　ジャン＝ジャック・デュ・セロン。スイス人。死刑の廃止に強く働きかけた慈善家。一八二〇年に平和協会（Societe de la Paix）を設立し、長年その会長を務める。

❸ジョゼフ・デュ・メストレ伯爵(12)のように、「戦争はすばらしい」と表明する人が出るまでになってしまった。

❹日々、恐ろしい殲滅手段が新たに発明されている。それも、もっとすばらしい目的にふさわしいかのようなねばり強さで。そしてまた、そのような殺人マシンの発明者が、軍備拡張ばかりをしているヨーロッパ諸国のほとんどの大都市において拍手喝采を浴び、鼓舞されている。

❺最後に――ほかの徴候はさておき――ヨーロッパの知的状況を見るかぎりでは、近いあるいは遠い将来においてどうやら戦争を避けることができないであろうと予見される。

これほど一般的な関心事は、一度議題に上れば私よりも器用で造詣の深い人々に熟慮をもたらし、書面という形にまとまるにちがいない。しかし、そういう時代に到達したいのであれば、このような考えを一度ヨーロッパなる大家族のさまざまな分家に広げて、同胞の苦しみに心を動かされる感受性の強いすべての人々の注目や同情を揺り起こす必要がなかろうか。

半永久的な存続を目的として設立されるこのような類の団体は、平和な時代にはもちろん活動を停止しているものの、戦争勃発に備えて常時待機の状態にあろう。となれば、自国の州官庁の好意を当てにするだけでは足りず、交戦大国の統治者からも団体の活動を望み通りの目標に導くために欠かすことのできないあらゆる代理権や負担の軽減を要求することが可能でなければならない。つまり、もっとも立派で尊敬されている人物が中心となる委員会のリーダーとなり、各国で活動するのが好ましい。この委員会が頼りとするのは、真の人道的感情をもちあわせ、いざというときには即座にこの慈悲深い活動に没頭する心構えのある人々、軍の機関の了承を得、その支援や指導のもとに交戦中の戦場において看護や援助を行い、また負傷者が完治するまでそのまま奉仕し続ける心構えのある人々となろう。

（中略）

そのような国際救援組織がソルフェリーノに居合わせていたら、あるいは六月二四、二五、二六日のカスティリョーネに、また同日のブレシアやマントゥーア、ヴェローナにそのような自発的な救援隊員がいたら、彼らはいったいどれほど多くの、言葉に言い尽くせない善行を行っていたことか。

金曜から土曜にかけてのあの災いに満ちた夜、勇気と熱意にあふれる精力的な救援隊員の一団が絶滅の戦場に居合わせていたら、何千人という負傷者が、そう、恐ろしい痛みばかりでなく途方もないのどの渇きにも苦しんでいた何千人もの人間が苦痛にうめき、助けを求めて悲痛に叫んでいたとき、彼らはどんなにすばらしい働きをしていたことだろう。

---

(12)　（一七五三〜一八二一）フランスの思想家。新教皇権至上主義（ウルトラモンタニズム）を唱える。

（中略）

このような類の任務には賃金労働者は適さない。事実、金で雇われた介護係は時間が経つにつれて粗野になるし、吐き気を催すような強い不快感に尻込みしてしまったり、疲労が重なって無精になってしまったりする者もいる。また、今日負傷者を助けることができても明日にはもう助けられないかもしれないことから、救援は即座に差し向けられなければならない。貴重な時間を浪費している間に、死に至る壊疽《えそ》に陥る。

というわけで、必要とされているのは事前に教育を受け、自分の課題を熟知している自発的参加の器用な介護係である。彼らはさらに軍の指導部からも認められ、それゆえにあらゆる面で支援を受けることになろう。野戦病院では、勤務者の数が足りることは決してない。二倍、三倍と強化されてもまだ手は足りず、これは永遠に変わることがないと思われる。そのため、住民全体の援助を当てにせざるを得ないのだが、同時にこの目的は住民との共同作業なしでは達せられないと思われることから、やはりどうあっても彼らの助けは欠かすことができない。ゆえに私たちはここで布告を出し、この世で権力を握る人々にも平凡な職人にも、すべての国、あらゆる階級の人々に対して請願書を送らねばならないのである。すべての人間は、それぞれのやり方、それぞれ可能な範囲で何かしらこの徳行に寄与することができるのだから。

このような布告は、女性にも男性にも、いずれ王位に就く王女様にも、孤児として育ち下賤な仕事に没頭しているつましい女中にも、あるいはまた天涯孤独で最後の力を隣人の幸福のために捧げようとしている貧しい未亡人にも等しく届けられなければならない。それは将校にも慈善家にも、あるいはその才能のおかげで出版という手段を通じ、すべての人間にかかわり、特別な意味ではどの民族、どの地域、そしてどの家族にもかかわる問題を事務机から世の中に送り広げることができる作家にも届けられなければならないのだ。戦争という転変から永遠に守られていると保証できる人間は一人もいやしないのだから。プロイセン王の宴会に招待されたオーストリアの将校とフランスの将校が隣同士に座って楽しく談話できるのであれば、彼らの共感や注目を呼び起こすほど大切な問題をいっしょに分析し、討議してもよいのではあるまいか。

各国の高級将校がたとえばケルンとかシャロンのような場所でときおり一同に会し、国際的な法的拘束力を有した普遍的に尊重される取り決めの合意にこのような種の会議を利用するのは望ましいことだとはいえまいか。その取り決めが確立され調印されれば、それはヨーロッパ各国で負傷者救援団体を設立するための基盤となろう。戦闘が一度勃発してしまってからでは、交戦者はこの問題を自国と自国の兵士以外の観点から考察しにくくなるため、このような決まりに関して事前に取り決めを結ぶことはますますもって重要となる。

人道と文明を有する私たちは、ここで概略を示したような活動に着手するほかはないのだ。

（中略）

このような活動を大規模に実行しようとすれば、かなりのお金が必要となることは間違いない。だが、この活動に必要なお金が不足することはないだろう。なぜなら、戦時には、委員会による布告に基いて誰もが喜んでそれなりの寄付をするだろうから。自国の息子たちが戦っているとなれば、住民は誰も冷淡で、そして無関心なままではいられまい。そのような戦いで流される血は、国家全体を貫く動脈に流れる血と同じなのだ。というわけで、このような類の障害に私たちの計画の発展が引き止められることはありえない。つまり、問題はここではなく、唯一活動の準備とその団体の設立にあるということである。

諸民族が有する最新の恐しい破壊手段によって、戦争の継続期間は将来いや応なしに短縮されるだろうが、その代わりに戦闘はおそらくますます血なまぐさくなると思われる。そして、不測の事態が非常に問題となっている今世紀においては、まったく予想外に突然各地で戦争が起きるということも考えられよう。不意打ちを食らわないように準備を始めるきっかけは、このような考慮だけでは不十分だろうか。

兵役中に負傷した兵士の援助に関するジュネーヴ協定

スイス連邦、バーデン大公殿下、ベルギー国王陛下、デンマーク国王陛下、スペイン王妃陛下、フランス皇帝殿下、ヘッセン大公殿下、イタリア国王陛下、オランダ国王陛下、ポルトガルおよびアルガルヴェ国王陛下、プロイセン国王陛下、ヴュッテンブルク国王陛下は、自分たちにかかるところの大きいこの望みに誰もみな等しく心を満たされつつ、戦争から切り離すことのできない不幸を軽減し、無益に生じる過酷な状況を防ぎ、戦場で負傷した軍人の運命を和らげるため、一つの協定を結ぶことを最後に決定し、全権代表の任命に至る。

（中略）

適切かつ相応の形式であることを承認された全権を交換した後、下記に続く条項を取り決める。

第1条――簡易および中央野戦病院は中立であると認められ、それに基づき、病人やケガ人が収容されている間は交戦国から守られ尊重されなければならない。これらの野戦病院が軍隊に占拠されると、中立は無効となる。

第2条――簡易および中央野戦病院の勤務者は、監視や健康管理、職務管理および負傷者の運搬を委託された勤務者並びに従軍牧師も含め、それぞれの義務に専念し、負傷者を助け看護しているかぎりは中立の恩恵を受ける。

第3条――前条項に記された勤務者は、敵方に占拠された後も奉仕先の簡易および中央野戦病院で職務を続けることもできるし、あるいはまた勤務を辞めて属する部隊に加わることもできる。勤務者がこのような状況下で活動を取りやめるときには、その場所を確

1864年、16の国家が協議を行い、ジュネーヴ協定で戦争の苦悩が和げられる（写真提供：オーストリア赤十字社）

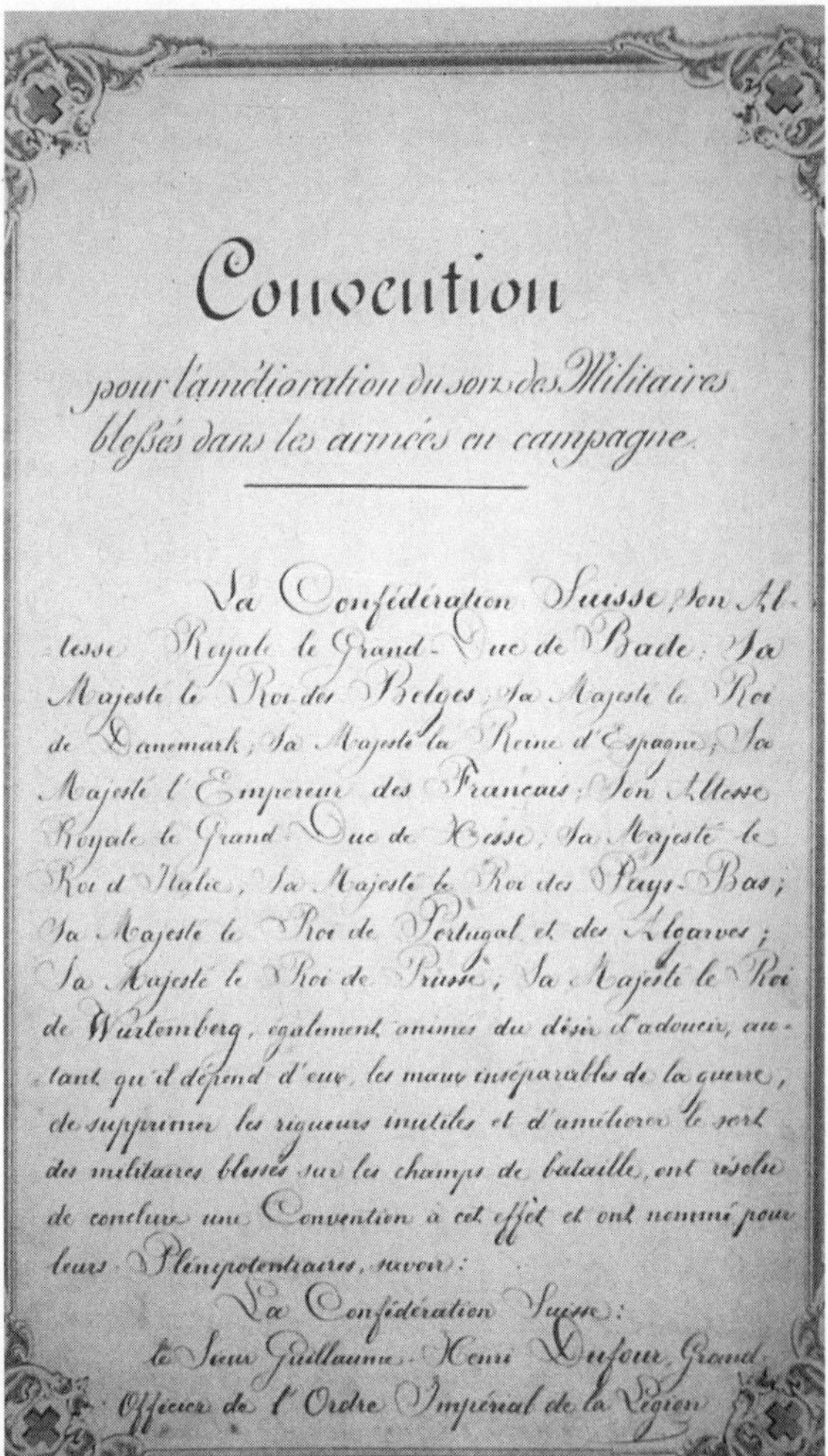
Convention
pour l'amélioration du sort des Militaires
blessés dans les armées en campagne

La Confédération Suisse; Son Altesse Royale le Grand-Duc de Bade; Sa Majesté le Roi des Belges; Sa Majesté le Roi de Danemark; Sa Majesté la Reine d'Espagne; Sa Majesté l'Empereur des Français; Son Altesse Royale le Grand-Duc de Hesse; Sa Majesté le Roi d'Italie; Sa Majesté le Roi des Pays-Bas; Sa Majesté le Roi de Portugal et des Algarves; Sa Majesté le Roi de Prusse; Sa Majesté le Roi de Wurtemberg, également animés du désir d'adoucir, autant qu'il dépend d'eux, les maux inséparables de la guerre, de supprimer les rigueurs inutiles et d'améliorer le sort des militaires blessés sur les champs de bataille, ont résolu de conclure une Convention à cet effet et ont nommé pour leurs Plénipotentiaires, savoir:

La Confédération Suisse:

le Sieur Guillaume Henri Dufour, Grand Officier de l'Ordre Impérial de la Légion

デュナンの理念が現実に。ジュネーヴ協定　（写真提供：オーストリア赤十字社）

保している軍隊が勤務者を敵方の前哨まで連れていくこととする。

第4条――中央野戦病院の器材は軍律の管理下にあることから、これらの野戦病院の勤務者は、撤退の際にそれぞれの私有物以外は何物も持ち出してはならない。それに対し、同様の状況下における簡易野戦病院の器材は病院の所有物とする。

第5条――負傷者の援助に来る住民はいたわられるべきであり、また束縛されてはならない。交戦大国の将校は、人道に関する布告およびその結果生まれた中立について住民に知らせる使命を負う。家庭に引き取られ看護される負傷者はみな、その家庭の保護に役立たなければならない。負傷者を引き取る住民は、部隊用宿舎への割り振りおよび課された軍税などの一部を免除されなければならない。

第6条――傷兵や病兵は国籍にかかわらず受け入れられ、看護されなければならない。事情が許し、また双方が了承した場合、交戦中に負傷した兵士を即座に敵方の前哨へ引き渡すかどうかについては、総司令官の自由裁量に任される。治癒の後に兵役に不適と判断された者は、祖国へ送り返されなければならない。そのほかの者も、戦争の経続期間中は二度と武器を手にしないという条件で同様に解放されることができる。救護所および貯蔵庫は、それらを管理する人間とともに無条件の中立を享受する。

第7条――野戦病院や救護所、貯蔵庫には、明白に認識できる同一の旗が立てられなければならない。その隣には、いかなる場合においてもそれぞれの国旗が立てられなければならない。同様に、中立の保護下に置かれている職員のためにも腕章が認められるべきである。しかしながら、その交付は軍当局に委ねられる。旗と腕章は、白地に赤十字を描いたものとする。

第8条――当協定施行についての詳細は、該当政府の指導および当協定で述べられている一般原則に応じて交戦両軍の総司令官から指示される。

第9条――条約を締結した王国は、ジュネーヴ国際会議に全権代表委員を送ることができなかった政府に対して当協定について通知し、加盟を求めることに一致した。この目的に関するプロトコルは定められていない。

第10条――当協定は批准されねばならず、批准書はベルンにおいて四ヶ月以内、あるいは可能であるならばそれ以前に交換されなければならない。

この文書には、該当する全権代表委員の署名およびその紋章の刻印が添えられている。

於ジュネーヴ

一八六四年八月二二日

2 アンリ・デュナンとソルフェリーノの戦い
——そして赤十字の始まり

アーノルド・キュブラー
Arnold Kübler

アーノルド・キュブラー

1890年、ヴィンタートゥーア（チューリヒの北東）近郊のヴィーゼンダンゲンに生まれる。1941年、多才な彼はスイスの雑誌《Du》を創刊し、1957年までその編集を率いる。

《Du》はドイツ語の雑誌であり、本章は1942年に彼自身が当雑誌に寄稿した記事である。

出典：

Arnold Kübler, Henri Dunant, die Schlacht von Solferino und die Anfänge des Roten Kreuzes. In: *Du,* No.8, 1942, P.10ff

デュナンといえば赤十字の創設者。これくらいは、彼と同時代に生きた人々のほとんどが知っている。そして、続けて多くの人々が思い浮かべるのは、何か大きなものが創設されるときにつきものの一般的な概念である。つまり、すばらしい着想、委員会、会議、協定、定款、条項などである。ところが、赤十字創設への道はまったく異なる。それは何より、全人生の犠牲、全人生の投入を意味しており、その発端にはある一つの体験があった。それは、ある行動から始まった。そしてその行動は、これまで世界の中でもとくに恵まれた境遇にいた一人の人間をその確かで幸福な生活から丸ごと引き剥がしてしまったのである。

いまここで、ある戦争画家の絵画を大きな丸天井に描き出してみるのはそれゆえのことである。その絵は、多くの戦争画家の多くの絵画と何ら変わるところはないが、それでも描き出すのはその絵が赤十字なる着想のゆかりの地を、いや着想も熟慮さえもなくしてデュナンが偉大な赤十字的行為を実行に移した場所を描いているからである。そして、彼のその行為は今日までその影響を失わずにいるのである。

政治史や戦争史を見ると、ソルフェリーノの戦いは一八五九年六月二四日に行われている。この地で、ナポレオン三世の連合軍とサルディニアのヴィットーリオ・エマヌエーレ王[1]は、当時まだ若い皇帝フランツ・ヨゼフ――彼は老君主として一九一六年まで生きた――が率いるオースト

---

(1)　(一八二〇～一八七八)　イタリアの王。一八四九年から一八六一年までサルディニアの王であった。

リアの軍隊を打ちのめした。それは、ヨーロッパの真ん中で大軍や鉄道、電信機、従軍記者などを用いて行われた初めての現代的な戦争だった。とはいえ、この日両軍が遭遇したのは明らかな戦略的意図があったからではなく、諜報活動の不備により双方に不明瞭な事柄や思い違いが発生したためだった。

その日の朝、フランス側の前進部隊は敵の軍隊と小競りあいとなったが、そのときには、まだこれが近世でもっとも残虐な戦いへと劇的に展開することなど知る由もなかった。行進を続けた後の疲れ切った体で、まともな食事もとらずにそのまま戦いに挑んだ兵士たちもいた。フランス側はコーヒーを飲んだだけだったし、オーストリアの軍隊では普段の倍の蒸留酒が配られただけだった。こちらの軍隊はソルフェリーノを取り囲む優位な高地に陣取っていたが、平地では先のモンテベロとマジェンタでの勝利に鼓舞された連合軍が進撃を開始する。灼熱する六月の太陽が、恐ろしく荒れ狂う戦闘を一日中ジリジリと照りつけた。とどろく大砲、白兵戦、銃剣の突き刺しあい、砲から吹き出る炎に囲まれて溶け落ちる部隊、叫び声や入り乱れるさまざまな言語、フランス人、ハンガリー人、クロアチア人、イタリア人、モロッコ人、ドイツ人、ボヘミア人、ルーマニア人。それに加えて、夕刻近くになると激しい嵐が訪れ、日暮れには土砂降りの雨となった。こうして、戦いは終わりを強いられた。一五時間も続いた戦いだった。オーストリア側は陣地から放り出されて結局逃げ出したが、血が染み込んだ大地の上には四万人の負傷者が残された。

この戦場に、三一歳の銀行家兼商人のアンリ・デュナンは、旅行用大型車に乗って白いスーツを身にまとい、ナポレオン三世に謁見するためにジュネーブからやって来た。いったいまた何のために？

デュナン氏の会社は、アルジェに製粉所や栽培園を造る計画を立てていた。ところが、フランスの植民官庁は、この計画に必要な決定や認可を堪忍袋の緒が切れるほどいつまでも先延ばしにするばかりだった。そこで待ちくたびれたジュネーブの関係者は、今の無敵の皇帝ならきっと機嫌もよいだろうし、彼の配下にある各省がこれまで拒否してきたことも認めてくれるかもしれない、と思いついたのだった。こうして、デュナンは彼を追ってすぐさま戦場へとやって来た。ふとした思いつきながら、人間——皇帝といえども——のもつ弱点を計算しつつ、そしていつもと違うやり方にもひるむこともなく。

ところが、彼はナポレオンに会うことができず、アルジェリアの商売は庇護を受けるに至らなかった。だが、デュナンはソルフェリーノを見た。戦いの翌日、太陽はギラギラと輝きながら天高く昇った。地上は、延々と何キロにもわたって一面死体に覆い尽くされていた。ロンバルディアの農民たちは死体を探し集め、穴を掘ってその中へ放り込んだ。負傷者は一ヶ所に集められ、重傷者はラバや荷車の固い床の上に重ね重ねに積まれて最寄りの救護所へ、そしてそこからさらに周辺の村々へと運ばれた。だが、悲しいかな、必要なものが何もかも不足していた。車がなかった、救助の手が足りなかった。そして、経験のない者が不器用な介護で痛みに耐える人間をさらに苦しめた。

六月二五日には、カスティリョーネという小さな町だけでも数え切れないほど多くの荷車が往復し、負傷者は最終的にすべての建物を占領しただけでなく、教会にも列をつくって並び寝かされ、さらに広場や中庭、果ては道路にまでも間にあわせに藁をしいてその上に寝かされた。太陽がジリジリと焦がす。女たちは不運な兵士たちの上に布を張り広げて、彼らを灼熱から守った。何千人という数の負傷者が転がっていた。二人の医者は、疲労困ぱいするまで働き続けた。ケガ人は何時間も、何日間も待ち続けた。あちらで一人死んだかと思うとこちらでまた一人死に、汚れた傷口は化膿し始め、血が染み込んだ包帯は干からびた。多くの土地では食料や水、あるいは包帯用のリント布が不足し、逆にこれらすべてが満たされている場所では、求める人間にそれらを与えてやるその手が足りなかった。カスティリョーネの多くの住人は、気力も何もかも奪われるような驚愕に襲われていた。

白いスーツを着た旅人、アンリ・デュナンはこれらすべてを見た。彼は信心深い慈善心に富む母をもち、信仰心の厚いプロテスタントの、裕福な町ジュネーブに生まれた男だった。彼は慈悲深いサマリア人の話を少年時代の初期に覚えたばかりでなく、これまでの市民生活の枠内で彼らと同じような行動をしたことも数え切れないほどある。若いころは、日曜日の多くをジュネーブにある刑務所の囚人とともに過ごして、彼らの慰みとなったり力となったりもした。彼は、人間の不幸というものをある程度は知っているつもりだった。だが、戦地で彼が見たものはあらゆる尺度を超えていた。それは想像を絶するほどにおぞましく、一瞬自分自身を、そして自分が何者であったのか、自分が何をしたかったのかをすべて忘れてしまうほどの打撃を与えた。そればかりでなく、これから続く出来事は、彼の人生がこれより先このソルフェリーノの日々と切っても切れなくなるほど彼の心に強く深く刻み込まれた。

この人間からなる廃虚の中で、解決不可能な課題に没頭するというのは分別あることなのだろうか。フランス軍の備えが不十分だからといって、危険に立ち向かうのは有意義だといえるのだろうか。

彼、デュナンは、専門教育を受けた救援隊員が何百人と必要な場所にたった一人きりでどうすればよかったのだろう。しかし、デュナンはそこで考え込まずに行動を起こした。疑問をもたず、何も考えず、そのときそのときに必要なことから手をつけていった。彼は、彼を呼ぶ者や彼を必要としている者のそばにひざをつけ、次には願い事をする者の手を握り、心細く叫ぶ者をなだめ、死に逝く者の腕を取り、絶望に陥った者を聖書の言葉で落ち着かせた。そして、ここよりも強く聖書の言葉に力を感じ取れる所はほかにはないように思うのだった。

白い衣服に身を包んだこの男は、何でもやった。のどを渇かせた者に水を飲ませ、包帯を取り替え、出血している傷口をリント布でふさぎ、タバコを配った。タバコの煙には治癒力があり、消毒作用があると信じる兵士が少なくなかったからである。デュナンは食事の世話をし、身動きができない者のために新たに寝床をつくった。彼が行ったり来たりするたびに、一列に並ぶ負傷者の頭が一斉に彼を追って動いた。一度誰かのそばにひざまずけば、そのすぐ隣に横たわる人間を見ずには立ち上がることができず、それがまたその次、そしてそのまた隣と続くのだった。

彼は夜、床に就くことができなくなった。彼の心の内は騒擾《そうじょう》としており、一度手をつけたことをやめて休息を取ることができなかった。なぜなら、中断の瞬間というのはどれもなおざりを意味しており、無力に横たわる人々から救護の手を奪い取ることになったからである。

戦いの数日後、デュナンはカスティリョーネの中心から離れた所に立つ教会に五〇〇人もの負傷者を発見した。彼らは誰にも世話をしてもらえず、そのさまは筆舌に尽くし難いほどだった。腹を空かせ、のどを渇かせ、傷は壊疽《えそ》となり、害虫がウヨウヨと這い回り、耐えられないほどの悪臭が漂っていた。

デュナンはどんな奉仕も引き受けた。それだけではなく、まったく驚くべき行いもした。敵対する二つの軍隊の兵士たちを微塵も差別せず、まったく同様に介護したのである。彼はカスティリョーネの女たちにも、救助の際にはもう敵だとか味方だとかという差別を行わないようにと教え諭した。そして、最終的に彼の活動に大勢の人間が引き込まれていった。大人は彼を手伝い、少年や少女は水を汲みに行かされ、旅人であった二人のイギリス人もほとんど強制的に手伝わされた。デュナンは命令を下したり、指図をしたりしたが、彼の権限について尋ねる者など一人もいなかった。みな、ただ黙って彼に従っていた。

最終的に彼は、健康な捕虜を釈放させ、救援者として奉仕をしてもらえるようにとりはからった。豪胆な兵士の中には、新しい任務の最中に気絶して倒れる者が何人もいた。最後には、三〇

1859年、ロンバルディアへ旅行するアンリ・デュナン
（写真提供：オーストリア赤十字社）

〇人からなる一団がデュナンのもとで奉仕していた。そのアイデアもまだはっきりと形づくられないまま、彼はこれらの人々とともに赤十字活動の行いを成し、実現していたのである。

七月半ば、デュナンはイタリアからジュネーブへと戻った。神経を高ぶらせ、疲れ果て、まるで重い病にかかっていたかのようにやせ衰えた体で。彼は休養を取るために高原へ出かけたりもしたが、またすぐにパリに向かった。何といっても彼は商人であり、アルジェの製粉所が彼を必要としていたのである。

ジュネーブの株主たちは、事の成り行きを不満に思っていた。しかし、デュナンは戦地のすさまじい光景をもはや追い払うことができず、商談をしていても、理性的で打算的な普段の自分を見失うことがたびたびだった。そうして、植民地にある会社にも気が回らないまま、立ち上ってくる記憶の支配力に打ち負かされて、ソルフェリーノや兵士たちの苦しみについて熱っぽく語って聞かせるようになった。最終的に彼は、自分がいったい何にとりつかれてしまったのかということを周りの友人や知人のために書き記すことにした。そして、この小さな本『Un Souvenir de Solferino』ができ上がったのである。『ソルフェリーノの想い出』……何とも無邪気な響きではないか。

この出来事と執筆の間には三年の月日が流れている。あの六月の日々の悲惨さが再び彼の心に浮かび上がった。彼はすでに執筆の最中に、何か尋常ではないことが生じつつあることを感じ取っていた。ある高貴な力が彼に筆を取らせているような気がし、「論じよ」と命じているのは運命という力なのだとぼんやりと感じていた。この著書には大仰さはなく、すべて平明で正直に書かれている。著者は誰のために書いているのか、誰を味方につけようとしているのかをよく心得ている。著名人の名を大勢挙げ、戦地での勇敢な行動や戦いの詳細、有名な貴族の出である勇ましい英雄たちについて何ページにもわたって書き連ねている。そして、その後に続くのが、この戦いの酩酊に次ぐ日々や光景を記した文章である。

「軍歌の旋律が打つ誇り高き拍子や高らかに鳴り響くファンファーレが放つ戦闘的な響きによって何千倍にも高揚したあの共有の戦闘意欲、あるいは熱狂や危険という誘惑、そして見境にない激しい興奮に死への思いがすべて締め出され、ぶつかった弾丸の金属の破裂音を聞いて激しくたきつけられたあの戦闘意欲はどこへ行ってしまったのだろうか。ロンバルディアの数多くの病院では、人々が大げさに『名声』と呼ぶものに対してどんな代償が支払われなければならないかということをまざまざと見せつけられた。そして、この名声がいかに多くの犠牲を払って得られるかということも」

デュナンは自分の行動についてはまったく無視し、結論に達するためにどうしても述べなければならないときだけその献身的な行動について語っている。この結論は、控えめかつ慎重な記述でこの本の最後に載せられている。たとえば、次のような文章がある。

「献身的で熱意があり、またとくに適正のあるボランティアに戦時の負傷者を看護させる――このような目的を定めた救援組織を平穏と平和の時代に設立する方法はないものだろうか。（中略）各国の高級将校がときおり一同に会し、国際的な法的拘束力を有した普遍的に尊重される取り決めの合意にこのような種の会議を利用するのは望ましいことだとはいえまいか。その取り決めが確立され調印されれば、それはヨーロッパ各国で負傷者救援団体を設立するための基盤となろう」

デュナンの著書では、最後の数ページで総括的な赤十字精神、つまり組織の基本的特質や準備に関する着想、医師や看護人の中立化、統一された記章、そして天災に際しての枠の拡大について数行にまとめられている。

この著書では、誰もが理解できること、それ以外のことは何一つ要求されていない。しかし同時に、ここで一人の私人が巨大な戦争機構の何かを変えようと自発的に行動を起こしたということは独特な出来事でもあるといえる。

この小さな本は、思いもよらぬ大きな成功を収めた。デュナンは、自分の著作物が届くべき手に届くように仕組む術《すべ》を心得ていたし、またそういうことに関しては驚くほど才に長けていた。まずは一六〇〇部が彼の自己負担で印刷されたが、一ヶ月後には第二刷が必要となり、その数ヶ月後にはさらに第三刷として三〇〇〇部が印刷された。パリやトゥリン、ペテルブルグ、ライプツィヒで、人々は我先にとこの本を奪い合った。国防省の事務デスクの上や女王の居間、大陸を代表する一流新聞社の編集部の机上には必ずこの本があった。デュナンの呼びかけは、一晩のうちに全ヨーロッパに知れ渡るところとなった。そして、ジュネーブの大勢の読者にとっては、この小さな本との出会いが決定的な出来事となった。

❶デュフール将軍(2)は、著者からまだ原稿の段階である『ソルフェリーノの想い出』を受け取ると、その後の一八六二年一〇月五日に次のような短い手紙を彼宛てに送り返した。

「我々は、貴殿が記されたような衝撃的な実例を通して、戦場における名誉がどれほどの苦しみや涙の上にもたらされているかということを知るべきである。我々はあまりにも戦争の輝かしい面ばかりを見すぎ、その悲惨な結末には目を伏せてしまいがちだ」

❷ジュネーブ公益協会会長のギュスターヴ・ムワニェ博士は、デュナンとは以前からの知り合いだった。彼はこの本を読むと著者を訪ね、肩を抱いてデュナンのすばらしいアイデアを祝った。だが、それと同時に、彼はまた弁護士特有の冷静な理性で、著者がこのアイデアを実行に移すための最低限の計画すらまだ立てていないことを見て取るのだった。

❸医師のL・P・アメデ・アピアは、デュナンと時を同じくしてこのイタリアの戦いを見ていた。彼はそこで外科医として働いており、ジュネーブから彼の所へ送られてきた二〇〇〇キロの包

---

(2)（一七八七～一八七五）スイスの将軍。スイス軍を再編成し、スイスの地形図を創案した。

帯材料を各野戦病院へ分配したり、自分で発明した新型の負傷者運搬機を苦労の末にフランス軍の軍医将官ラレーに披露したりした。アピアは、この戦争を観察者および専門家として体験した。この出来事に対し、彼はデュナンが受けたようなひどい衝撃はまったく感じていなかったが、彼の経験や専門知識は、デュナンがソルフェリーノに関する著書を執筆するにあたって有益となった。

❹テオドール・モノワールは医師であり、仕事を通じたアピアの友人である。アピアは彼に数多くの手紙を送り、その中でイタリアの戦争における経験を報告していた。モノワールの家には、カルヴァン派に属する町のほとんどの有力者が出入りしていた。彼は信心深い、そして裕福な男だった。

ジュネーブ公益協会はムワニエの指示に基づき、デュナン氏のアイデアをどうすれば実現できるかという問題を検討するために会合を召集した。会合はこの課題を、デュフール、ムワニエ、アピア、モノワール、デュナンという、ちょうどこの五人の男から成る委員会に委託した。その一〇日後、委員会は最初の会議を開く。三度目の会議の後、彼らはこの委員会を「国際常任委員会（Ständiges Internationales Komitee）」と名づけた。男たちは、自分たちがある大きな仕事を始めようとしていることを次第にはっきりと感じ始める。

ムワニエが、ジュネーブで国際会議を開催してはどうかと提案した。この五人から成る委員会が招待するのである。さて、この招待を伝えに行くのは誰がよいだろうか。この任務に適している人間としては、デュナン以外には考えられなかった。一八六三年のその春、ちょうど彼は、ほかのメンバーにとってみれば心配の種でしかない北アフリカの製粉所の商用で数ヶ月間の旅行に出ていた。そして、夏になると国から国へ、首都から首都へ、人類はみな兄弟なのだという強い感情に駆り立てられて心を奪われながら、商用ではない一風変わった旅を、あるいは追跡を始めたのだった。

鞄の中には一枚のリストが入っている。そこには、ソルフェリーノの本に衝撃を受けた高位の人物の名前が入念にすべて挙げられている。彼らはみな、これまでに同意を表明し、援助を保証してくれていた。デュナンはどんな階層もどんなつながりも、またどんな交友も巧みに利用した。宮廷を訪れれば、必ずある人物の前まで強引に進み出た。つまり、計画中の会議に代表者を派遣するかどうかについて決定権を握る国家の要人である。どんなに拘束力がなくても、それが同意の言葉であれば一言も聞き漏らさず、新たな訪問先ではその前に得たばかりの成果を巧みに利用し、誇張し、口を開けばこれから生ずるはずである人間愛という偉大な産物にその重点をもっていった。障害になり得るものは何もなく、彼に対抗できる人間は一人もいなかった。彼の体験や経験には、どんな反論もどんな疑念をも差し挟む余地はなかったのである。デュナンがソルフェリーノの光景を語り呼び起こすと、事実、誰もがみなデュナンの傷痍軍人記に引き込まれてしまうのだった。

彼は至る所で自分の本を配った。昼間は人々に語りかけ、人々を納得させ、夜は夜でこれから口説き落とそうと思っている人々全員に次から次へと手紙を書いていった。ジュネーブの委員会にも成功を知らせ、新たに立ち上がった計画について書き送った。しかし、思慮深い老齢のデュフールや慎重なムワニェは、それらの計画に呆れ、彼に自制を促すのだった。デュナンはまたナポレオン三世にも手紙を送り、フランスの国防大臣が「『ソルフェリーノの想い出』は反フランス的だ」と述べたにもかかわらず、皇帝から会議の計画に賛同する手紙を受け取った。

一八六三年一〇月に会議が招集されたのは、このようなデュナンの倦むことのない活動のおかげである。一七の国家から二六人の代表者が訪れ、それに加えて、スイスの公益協会からも五人の使節が参加した。デュフールが第一回会議を開会し、その後、議長の席は交渉に熟練したムワニェに委ねられた。当時は、速記者というものがまだ存在しなかったため、信じられないことが可能となった。つまり、デュナンが書記を務めたのである。一人の市民であり私人でしかない人間が、公職に就いているわけでも委任を受けたわけでもないのに、初めて政治的な活動を起こしたのである。そしてその活動とは、人道的な奉仕の中で、すべての民族に一つの同じ行いをしてもらおうというものだった。

ところが、デュナンは、四日間の会議の中でこの本題について一言も発しなかった。そういうことにまったく慣れていなかったのである。彼は、自分の大きな経験を法的な形に転換させる能力に欠けていた。彼は話をして人を口説き落とし、納得させることに関しては天分を有していたが、自分が体験したソルフェリーノの驚愕から条項や協定、決議を取り決めようとする際に必要となる意見を述べる能力はなかったのである。

この最初の、どちらかというと準備段階であった会議に続いて、一八六四年八月には連邦大臣が各国家を招いて第二回会議を開いた。そしてこのとき、一四日間の協議の後にいわゆる「ジュネーブ協定」という国家による国際間の条約が生まれた。この協定は、各国家の中で赤十字が担う任務の法的基盤を形成するものである。この条約は一九〇六年および一九二九年にさまざまな拡張や補足が行われたが、基盤は今日に至るまでまったく変わっていない。そして、傷痍軍人の救援組織をこれまでに考えもしなかったような方法で促進させた。あらゆる国家で「赤十字社」が組織され、この活動は次第に世界中へと広がっていった。赤十字は、一九世紀をしるす偉大な業績、偉大な着想の一つに数えられる。ムワニェは国際委員会で四六年間会長を務めたが、その間にこの委員会は常設施設となり、国家間の団体の連絡および仲介役を果たす場となっていった。

一方、デュナンはどうしていたのだろう。彼は奇異であり厳しくもあり、さらに偉大かつ独特な運命を歩んだ。すでに一八六四年の会議の際から審議にはまったく出席しなくなり、娯楽の名手として国家代表者を楽しませるばかりだった。ムワニェは肝心なところから彼を遠ざけていたが、それが可能だったのは、課題がもはやデュナンの力で解決できるものではなくなっていたからにすぎない。

彼は相変らず北アフリカにある製粉会社の社長であったが、その会社は関係者にかぎりない不安を広げていた。この社長は、偉大で博愛的な活動を案出する癖をいつまでたっても改めることができなかった。つまり、時間や力をそのために費やしてばかりいたのである。

商売が日の目を見ないまま第二帝政は崩壊し、ジュネーブ協定締結の数年後にデュナンは倒産した。当事者や関係者の目には何と映ったことだろう。もっとも熱心な支援者はともかく、多くの支持者をどれほどがっかりさせたことだろう。

委員会は、完全に彼と縁を切った。ジュネーブは彼との関係を断ち、彼の方でもジュネーブとの関係を断った。それでもまだ彼は世界的な名声をもつ男であり、ソルフェリーノの本の著者であり、学識ある多くの協会の会員だった。彼は各国の王から招待される男であり、パリやロンドンではまだ彼の話に耳が傾けられ、新しい計画や人と人をつなぐ新しいプロジェクトが成功を収めていた。だが、そのプロジェクトが実現される気配はもうなかった。創案者は、もう以前のように故郷や裕福な町の立派な一員ではなくなっており、初めのころに幸運にも集まったような協力者ももはや見つけることができなかった。

裕福な男は哀れな男と成り果てた。彼を支えてくれる妻はおらず、彼の首にぶら下がってじゃれる子どももいない。孤独でいつも腹をすかせたこの男は、人間性に対する偉大な計画が心から離れず、書き仕事や事務仕事や翻訳でかろうじて生計を立てた。その間に、唯一の黒スーツは糸がポロポロとほつれるほどに擦り切れ、健康状態は悪化する一方だった。そして最終的に、彼は世界中の目の前から完全に姿を消してしまう。彼の人生の大半は、今日まで暗闇の中である。何

1901年、デュナンは、一生涯をかけて行った仕事を理由として
ノーベル平和賞を受賞した。(写真提供：オーストリア赤十字社)

千人もの戦争負傷者の恩人は、平和の真っただ中で忘れ去られ、排された。以前、施しを与えていた男が行き着いた先は、これまでの生活とはまっるきり反対の側、つまり施しをもらう側となったのである。

一五年の間、彼はいわば生きながらにして葬り去られ、消息は不明だった。六二歳という老齢になって、白く長い髭をたくわえた彼は再びハイデン(3)に姿を現した。そして、好意的な人々から彼がもう何年も受けていないような温かいもてなしを受けた。彼の健康状態は回復し、二年間あちこちの小さなペンションで過ごした後、ハイデンの保護施設に移された。

一八年間、彼はこの貧しい人々のための家で過ごす。彼の置かれた状況や彼の運命を知らされた世間は、もう一度彼に注意を向けた。そして、第一回ノーベル平和賞の半分（受賞者が二人いた）が彼に授与された。しかし、この老人は、金や名声というものをかつてとは異なった目で見ていた。さまざまな経験をした人間のもつ苦々しさは、もう消し去ることができない。彼の心臓は、人生の最後の日まで人民平和のための偉大な活動や世界の公平な秩序のために鼓動を打っていた。以下は、八二歳で亡くなった彼の最後の言葉である。

「墓地へは犬のように運ばれたい。みんながやっておる儀式はやらんでくだされ。わしには、そんな儀式なぞ何の意味もありゃせん。この世で最後のわしの望みを叶えてやってくだされ。みなさんの善意をすっかりあてにしておるから。わしは一世紀にいたようなキリストの使徒じゃ。それ以外の何者でもありゃせん」

デュナンの人生は、人間の存在という偉大な一例である。彼の運命は一冊の本であり、その中には隠された真実が豊富に詰め込まれている。スイスは、彼のことをあまりにも知らなさすぎる。

（3）　スイス北東部にある町。ボーデン湖の南部、ドイツとオーストリアの国境近くに位置する。

3 ルイ・ヘフリガー、人間性を示す一つのケース

アンドレアス・デプフナー
Andreas Doepfner

アンドレアス・デプフナー

チューリヒ在住、スイスの著名新聞〈ノイエ・ツュルヒャー・ツァイトゥング〉の編集者。ソビエト・フィンランド戦争（1939年～1940年）やハプスブルク家に嫁いだシシーことエリザベート皇妃などについての執筆がある。
本章の原文はドイツ語。

出典：
Andreas Doepfner, Der Fall Haefliger. Originalbeitrag © Eichborn AG, Frankfurt am Main.

ルイ・ヘフリガーとは誰だろう。当然、知っているべき人なのだろうか。一九三〇年代のチューリヒに住み、一九四五年四月まで銀行員として勤め、第二次世界大戦の終戦時には赤十字の全権委員、のちにはウィーンの地味な輸入輸出業者だった人を？

ヘフリガーは、暗い時代に善行を行い、今では忘れられてしまった人々のうちの一人である。彼は、オーバーエースターライヒ[1]のマウトハウゼン強制収容所に残され、解放までナチの武装親衛隊による無意味な避難や大量殺戮に脅かされていた六万人のユダヤ人、オーストリア人、ポーランド人、ベルギーおよびフランス人、ユーゴスラビア人、そしてロシア人の捕虜たちを救助した。捕虜たちは、最悪の窮地から救済してくれた人だと彼を賞賛した。のちには、オーストリアとイスラエルから表彰もされている。

だが彼は、それと同じくらい誹謗もされ、さらには社会的な追放まで受けた。とりわけ、彼の母国であるスイス、人道的な英雄とはなかなかうまく折り合えない国、スイスで。

任務

勤め先であるチューリヒの銀行「バンク・ロイ」を辞めて家族のもとを離れたルイ・ヘフリガ

（1）オーストリア中部の州。州都はリンツ。

ーは、一九四五年四月二一日、ボランティアとしてマウトハウゼン強制収容所の捕虜を帰郷させるために、食料や医薬品を積んだ赤十字国際委員会のトラック・コンボイをまずはドイツに向けて走らせた。この派遣に関する「レポート」の冒頭で、ヘフリガーは次のように書いている。

マウトハウゼンへ行く緊急性を正当化できるようにと、私は予定より早く退職することにした。そして四月二二日、クロイツリンゲンに向かってチューリヒを出発した。ドイツへ入国できたのは四月二三日になってからだが、この遅延は、すでに耳に入っていたフランス軍のユーバーリンゲン方面への進撃によるものである。

この報告は、マウトハウゼンでの派遣任務に関するもっとも包括的な情報源である。しかしながら、これは同時に一種の個人的な弁明書でもあり、さらには終戦時のある強制収容所の状況および連合軍による解放に関する重要な例証でもあるのだ。当時、ルイ・ヘフリガーは四一歳であった。

終戦当時に、赤十字国際委員会からヘフリガーやほかの派遣員に与えられた任務は、ずいぶん遅くなってから成立した強制収容所に関する申し合わせに基づいたものである。ジュネーヴにある国際委員会のブルクハルト委員長(2)は、三月一二日、ナチの武装親衛隊上級集団指揮官であり、ドイツ帝国国家公安本部の強制収容所担当主任でもあるカルテンブルンナー(3)とこの申し合わせを結んでいた。ブルクハルトは、常に全力投球だったとはいえないにしても長年にわたる苦労の末、やっとのことで何十万人にも及ぶ一般市民の抑留者や強制収容所の捕虜に食料や医薬品を与え、スイス経由で彼らをスウェーデンへ送還してもよいという承諾を得たのだった。カルテンブルンナーは、この条約にも似た協定を三月二九日に書面で確認し、四月一〇日にはそれに続く詳細な部分に関する交渉が行われていた。

しかし、ほとんどの収容所指揮官、つまりナチの武装親衛隊の士官は結局誰一人としてそれに相応した命令を受け取ることがなく、終戦直前の混乱の中に派遣された赤十字国際委員会の派遣員が出す指示に従おうとしなかった。ヘフリガーもまた、終戦前の混乱した状況の中でそれを痛感する。

彼の訪問の前にも、ジュネーヴからは別の代表が二人マウトハウゼンに来ていた。無愛想な収容所指揮官と短い口論を交えたあと、結局、彼らは約束されていた捕虜の代表者の受領サインを受け取らないまま施し物の詰まった小包の荷降ろしをした。それでも帰路には、およそ一〇〇〇

---

(2)（一八九一～一九七四）一九二三年、赤十字国際委員会で初めて任務に就き、その後大学で教鞭をとる。一九四五年から一九四八年まで赤十字国際委員会の委員長を務める。

(3)（一九〇二～一九四六）オーストリア人。一九三二年にナチの親衛隊に入隊する。オーストリアで指導的立場を得て一九四三年には国家公安本部長官に就任するが、一九四六年にニュルンベルク裁判で死刑判決を受ける。

人のフランス人を送還している。だが、強制収容所を解放されたこれらの捕虜の多くは、スイスへの途上で衰弱や病気のために死んでいき、その中の六人はエンガディン(4)のシュルスに葬られている。

戦争との遭遇

一九四五年四月から五月初旬にわたるこの任務は、この先何が起こるとも知れない、回り道をしながらの走行である。ヘフリガーの随行者は抑留カナダ人たちで、彼らはトラック・コンボイの運転手でもあった。四月二三日、低空飛行の飛行機がリンダウ―ブレゲンツ間の鉄道路線を爆撃する。彼の車両はすんでのことで難を逃れるが、二四日には再びインメンシュタットで空爆に遭う。

　車が故障したため、この攻撃され通しの町から逃れるのは大変だった。苦労に苦労を重ねて、私たちはこの混乱から逃れ出た。

この派遣員は、二五日、最後の指示となる口頭指令をウッフィングで受け取る。四月二六日、ようやく彼はミュンヘン近郊にあるモースブルクの配給センターに到着し、そこでコンボイ主任のホッペラー少尉が率いる一九台のトラックを引き継ぐ。そして同日、ヘフリガーはこの戦争におけるこの上ない残虐性に初めて遭遇する。

バイエルン州のフライズィングとランツフートの中間あたりで、私は飢え死にしかけ、身も心もボロボロに成り果てた何千人もの不気味な行進に遭遇した。ロシアの捕虜だった。この行進を見て、私は不意にナポレオンのロシア遠征[5]の絵やスォーロフ[6]の映画の場面などを思い出した。そして、ぞっとした。その行進は、ナチの武装親衛隊の兵士に両側から挟まれていた。彼らはいつでも発射できる体勢で自動小銃を構えており、軍帽と襟につけた記章はドクロという変わったものだった。兵士たちの顔は人間の顔とはいえず、粗暴なけだもののようである。私たちの車は、この見るも恐ろしい惨めな人々の行列の先端に達した。捕虜の列から、衰弱した一人がくずれ落ちた。周りの人間が支えようとするが、そばにいるナチの武装親衛隊の兵士はこの疲労衰弱した男を草地の上へ引きずってゆき、自動小銃を押しつける。そして、二発の短い銃声がこの恐ろしい行動を決定づけた。殺人が、私の目の前で恐ろしい

（4）スイスのグラウビュンデン州にあるイン川の渓谷地帯。
（5）ナポレオン一世（一七六九～一八二一）が一八一一年に行った遠征。
（6）（一七二九～一八〇〇）クニャージ・スォーロフ公爵。ロシアの将軍で一七九九年にロシア・オーストリア連合軍を率いて遠征し、上部イタリアからフランス軍を駆逐する。

殺人が行われたのである。私の心臓は縮み上がった。車を止めて、このナチ武装親衛隊の人殺しを捕まえるべきだろうか？　だが、運転手が私を引き止めた。

「戦争なんですよ！」と。

私は、この戦争を認識することができなかった。思っていることを口に出す余裕がなかった。この後すぐに、このような殺人行為が一〇回も、あるいはそれ以上繰り返されたからである。それはひどく恐ろしい時間だった。最初の殺人の後に私はすぐに引き返そうと思ったが、次々と起こる殺人を目の当たりにするうちに、自分にできるやり方でこれらすべてに報いてやらねばという決意が固まっていった。

心の奥深くまで揺さぶられかき乱されながら、私は目撃したこの凶行について調べ回り、この信じられない処遇がマウトハウゼン強制収容所と関係していたことを突き止めた。この人間輸送は、マウトハウゼン行きだったのである。何としてもマウトハウゼンへ行く。私の心は確定していた。そう、ひっきりなしに警告されたにもかかわらずである。そして、それが危険な行動であることは百も承知していた。

精神的に優位に立つ

マウトハウゼンの収容所や付属収容所は、産業の町リンツの下請け企業的な役割を果たしている。破壊されかけた道をそのリンツの町に向かう途中、コンボイは六〇〇〇個の小包を届けるためにグンスキルヒェンにある女性収容所の近くまでやって来る。ヘフリガーは、いつもの通り徒歩で辺りの様子を調べ回る。持参の資料が不完全なため、たいていは数時間にわたって歩き回る。競歩レースでの実績もあるヘフリガーにはそれも苦にならず、またこの体力が彼の成功に大きく寄与することになる。パトロール中に彼は、「野性化した武装親衛隊の兵士の群れに引き止められる」。この「野獣、怪物、不快きわまる輩」は、自動小銃で彼を脅すばかりで、女性収容所指揮官の居場所を尋ねても誰も答えようとしない。ようやく一人に道を教わるが、当の指揮官は「この収容所へ足を踏み入れる一般市民は全員射殺する」とすげなく彼を追い返す。

四月二八日の早朝、トラック・コンボイはついにマウトハウゼンの中央収容所に到着する。赤十字国際委員会の派遣員であるヘフリガーとコンボイ主任のホッペラーは、収容所指揮官でナチの武装親衛隊連隊指揮官でもあるツィーライスの所へ案内される。

司令部に入り、ホッペラー少尉と私は四〇代の男の前に座った。彼はものすごくエネルギッシュだが、口元の辺りを見ると少し震えている。初めて会った瞬間から、私はこの男とうまくやっていけることを願った。私の任務、つまり小包の分配や捕虜の送還がうまくいくかどうかは、すべてそれにかかっているのだから。

そして、ヘフリガーは報告の下書きのかたわらに殴り書きをしている。

私の正当な仕事に対するモラルを強固にするため、私は精神的にこの野蛮人より優位に立たなければならなかった。

しかし、オーストリアの連隊指揮官は赤十字国際委員会との協同作業を拒否する。このことは、すでに四月二〇日ごろに来ていたルブリ派遣団や四月二三日のシュテッフェン派遣団にはっきりと伝えてあり、収容所への立ち入りや監視つきの捕虜への小包分配も拒否したのだと聞かされる。ツィーライスはシュテッフェンに、収容所にいてもらいたくないのですぐさま帰ってくれと命じた、とヘフリガーは書いている。またツィーライスは、上司のカルテンブルンナーが結んだ取り決めのことはまったく知らないと言う。

ヘフリガーはのちに、ルブリ派遣員が道に迷いながらもカルテンブルンナーを探し出し、この命令を書面にしてもらったことを聞き知る。だが、ルブリがこの文書を提示するときには、収容所指揮官はアメリカ人に変わっており、マウトハウゼンはすでに解放を終えていた。二度目にこの収容所を訪問したとき、彼はヘフリガーの存在に驚くばかりだったのである。

コンボイ主任のホッペラーは、ヘフリガーに引き返すことをすすめる。だが、ヘフリガーは望みを失わない。

私は収容所の中に入り込み、最後の捕虜が送還されるまでそこにとどまるという自分の任務に固執した。私を即収容所の中へ入れ、保護してくれるようあくまでも要求した。（中略）コンボイは、西側の列強国民も乗せてスイスへと帰っていった。一方、私はザンクト・ゲオルゲンに宿を探した。

中央収容所から一〇キロ離れたこの土地でヘフリガーが人々から聞き知るのは、「収容所を取り巻くありとあらゆるおぞましい出来事だった。この収容所では、グーゼンやエーベンゼーなどの付属収容所を含め、これまでの七年間で一五万人の命が根絶されていた」。

完全に一人となったルイ・ヘフリガーは入所をめぐって二日間戦うが、その戦い方はナチの武装親衛隊を敬服させた。スポーツマンの彼は、ザンクト・ゲオルゲンから収容所までの一〇キロを、まったく疲れた様子も見せずに毎回徒歩でやって来ては交渉に当たったのである。ザンクト・ゲオルゲンの住民たちは彼に警告する。彼の企ては自殺行為に等しい、あるいは悪魔と同盟しているようなものだ、と。しかし、人道的な任務を最後まで遂行しようという彼のねばり強さが感銘を与える。

不承不承ながら私は入所を許され、そこで最終的な入所許可を求めた。（中略）ツィーライスは、私を上級中隊指揮官のライナーの部屋に割り当てた。これから先は、彼と寝起きをともにするのである。CICR（ヘフリガーは、フランス語で通常使用される赤十字国際委員会の略称を常に用いている）の派遣員である私と、ナチの武装親衛隊の上級中隊指揮官ライナーがベッドを並べるのである。捕虜たちは私のことを心配してくれるが、それでも私はこの責め苦を受け入れた。そして、私の憩いの場所をナチの武装親衛隊のどくろ男と分け合うことも。

収容所指揮官の告白

いつしか、ヘフリガーは同じく元銀行員だったライナーの信頼を得る。そうして、ヒムラー(7)がすべての収容所、とくにマウトハウゼンにおいては、山中に掘り造られた飛行機工場を適当な炸《さく》薬《やく》で破壊せよと命令したことを聞き知る。まだ残っている六万人の捕虜や近隣の村々の住民は、偽の空襲警報を鳴らして防空壕でもある坑道へおびき寄せて、全員まとめて爆薬で始末せよというのだった。

ナチスのプロパガンダによってまだ改竄《かいざん》され続けている連合軍前進のニュースを聞いて、収容所指揮官や士官たちはすでにすぐそこまで迫っている「東部戦線」での最後の戦いへと掻き立てられたり、逆に精神的にまいってしまったりした。そして、ツィーライスがヘフリガーの前で告白する。その内容は、ツィーライスなるこの大量殺人者が自分の息子に裏切られた後、五月二四日にアメリカ人によって行われた尋問の内容と一致している。

五月四日――私は司令室へ戻り、二人きりでツィーライスと向き合った。私は捕虜の世話について、そして糧食支給や清掃などに関して考えていた対策を彼に報告した。ところが、いつのまにか状況が一変し、暴君は弱腰の男となり変わった。ツィーライスはいっぺんに何年も老けてしまった全身を震えさせ、机の上に腕を交差させてその上に頭を伏せていた。私が相手にしているのは、もはや連隊指揮官のツィーライスではなく、何もかもすべてが無意味だったことを悟った男であった。

「私は、人生を台なしにしてしまった。すっかりだめにしてしまったんだ。三人の子どもの父親で、愛する妻もいるというのに。彼女は指示された残虐行為に抵抗していたのに、私は六年間もヒムラーやカルテンブルンナーの命令に従っていたんだ。分隊長のグルックからは焼死させよとの命令を受け取った。ヒムラーからはユダヤ人の始末の仕方を教わった。私の目の前で、ヒムラーは自ら四五キロもある石をユダヤ人の肩に載せ、こうやってユダヤ人を始末しろと命令した。私自身も、四〇〇〇人以上の人間のうなじを撃ち抜いて殺した。フォ

(7)　(一九〇〇～一九四五)ハインリヒ・ヒムラー。ドイツ人。ナチス党幹部およびナチス親衛隊司令官。最後はイギリス軍に捕らえられ、収容所で服毒自殺を図る。

ルクスドイチェ(8)は狙いを定めるのが下手だったからだ。捕虜たちをもっと手早く根絶するために、私はベルリンの命令通り徒刑地《とけいち》を造るよう指示した。一九四〇年にはすでに分隊長のハイドリヒに処刑を強制されていたし、グルックからは小口径の武器で撃つように命じられた。手の施しようのない常習犯罪者だった人間は、ローンゼルト医師とレクルトが精神病患者としてリンツ近郊のハルトハイムへ送り、そこでクレブスバッハ突撃本隊長の特別システムによって始末された。殺人に関してもっとも重い罪を犯しているのはバッハマイヤーだ。何せ、自分の車にガス殺用の装置をつくり付けさせてそこで人間を殺していたのだから。しかし、グーゼンのザイドラーも何千人という捕虜を殺しているし、加えて彼は特殊な罪も犯している。彼は、人間の肌でランプのかさや図書の装丁、カバンまでつくっていたのだ。私自身はそこまでやっていない。それから、クミレフスキーも何千という殺人を犯している」

ツィーライスは疲れ果てていた。そして、どうするべきかと私に尋ねた。だが、私は次のように答えることしかできなかった。

「ツィーライスさん、父親としてのあなたを不憫《ふびん》に思います。しかし、男として、あるいは兵士としてではありません」

ツィーライスは立ち上がり、自動小銃をつかむと、安全装置をはずしてその引き金をいじり始めた。私は一抹の不安も感じなかった。失われたとしてもたった一人の命である。ひょっとしたら、ひょっとしたら運悪く終わるかもしれない、という思いが頭の中を駆けめぐったが、耐え通さなくてはならなかった……。

ツィーライスは、相変わらず武器をもてあそんでいる。次から次へとピストルが取り出されて武器の山となった。最後に、彼が殺人を犯した小口径が現れた。私はこの男よりも優っていると確信しており、この思いが私をすっかり落ち着かせてくれた。恐れは少しも感じなかった。自分のことも、子どもたちのことも、妻のことも考えず、頭の中にあるのはただ一つ、ツィーライスのことだけだった。不安よりも興味が先に立つ中で、彼の手の動きを追った。私は平静を保ち、このツィーライスより優位に立っていた。すると、突然、ツィーライスがクルリとこちらを向いて言った。

「私はここを出ようと思いますが、どうでしょうか」（中略）

このナチ武装親衛隊の指導者は、実際にさっさとそこを出てしまい、それからおよそ三週間にわたって身を隠し続ける。

（8）ナチ政権下の用語で、民族上のドイツ人をいう。一九三七年当時のドイツおよびオーストリア国境の外、とくに東欧諸国に居住していた外国籍のドイツ人の呼称。

彼は自分の車に座るともう一度挨拶をした。ドイツ式ではなく、再度手袋を脱いでもう一度私の手を、私とライナーの手を握ってから走り去った。ライナーと私は、黙ったまま収容所へ歩いていった。ライナーは残っているが、多くのナチ親衛隊員が走り去っていく。収容所では配置転換が行われ、古い歩哨場所には強化のために機関銃が据えられた。手榴弾や木箱がいくつもあちらへ引きずられ、またこちらへ引っぱられていった。これまでの監視ではもう不十分だといわんばかりに、ナチの武装親衛隊の兵士は機関銃陣地を早くも造り始めた。ライナーと私は黙ってそれをじっと見ていたが、「気に入らん」と、ついに私の口から漏れた。

「ロシア軍やアメリカ軍にこの収容所を平穏に引き渡せると思っていたのに、何て不穏な空気なんだ」

ライナーも同じように感じていた。私たち二人が寝床に就いたのは、夜もかなり更けてからのことだった。

救いの戦車

ライナーから収容所爆破というヒムラーの恐ろしい最終解決案を聞き、ヘフリガーは自分がマウトハウゼンの救助という重大な任務を負っていることを自覚する。彼は自分の無線送受信機をつけようとしなかったので、ジュネーヴや外の世界との接触がなく、混乱の中にいながら相談する人もいない。すでにリンツの鼻先で戦っているアメリカ軍、そして東から進出してくるロシア軍は収容所を解放しようとしており、彼はそれぞれ委員会をつくって組織した捕虜たちに解放準備を始めさせる。収容所の指揮官のツィーライスが逃亡する前はもっと厳しい規律が守られていたが、すでにそのころ、彼は捕虜たちに頼んで一台の車両に赤十字を描かせ、白い旗を裁断してもらっていた。五月五日の早朝、ヘフリガーはザンクト・ゲオルゲンの市長に戦車用バリケードを解除するよう指示し、リンツ近郊のアメリカ軍戦闘区域の中へと車を走らせる……援助を求めて。

ルイ・ヘフリガー。マウトハウゼン収容所への出入りを許された赤十字国際委員会の派遣員
（写真提供：赤十字国際委員会）

五月五日――不意に重装備の戦車が目に止まった。重砲を備え、うまくカモフラージュしている。私は車を止めさせ、万一の場合に身を守れるようにと、木の棒を手に取って白い布を結び止めた。そしてライナーに、私の意向に反して習慣的に身に着けていたピストルを車に置いていくよう忠告した。それは正しい忠告だった。（中略）

私はこの火を吐く不気味な砲身に向かってあくまで歩き続けた。手に即席の旗を持ち、今すぐにでも恐ろしい一斉射撃を始めてやろうと隙間から覗いている男たちが早くこの重装備の戦車から出てきてくれることを願いつつ。

まもなくはね上げ戸が一つ、二つと開き、中から武装した男たちが出てきた。みんな若い。それでも、すでにさまざまな戦争を経験してきた男たちである。彼らは私に感心した。私がつたない英語で指揮官に当たる人と連絡をとりたいと言うと、それにも増してさらに驚いた。どの兵士もみな長く付き合った戦友同士であるかのように話に加わり、その中にドイツ語がかなりうまい兵士が一人いて、私の望みを通訳しようとひどく骨を折ってくれた。そして、この戦友同士の話し合いから、リンツ周辺で戦う第一一師団の指揮官へ向けた重要な伝達が生まれたのだった。

私は、請願をはっきりと申し出た。二、三台の重装備戦車と同数の軽装備戦車、それに三〇人程度のアメリカ人兵士を要求した。そのほかにも、監視の即時引き渡しのために五〇〇人の兵士を約束してもらった。ナチの武装親衛隊の中に、国民突撃隊[9]が普段着用しているユニフォームに身を隠してすでに逃亡した者もいることが分かったので、まだ残っているおよそ四〇〇人以上のナチの武装親衛隊兵士を即刻武装解除し、かつ補足監視要員として動員されたウィーン消防官庁や国民突撃隊をふるいにかけるためだった。

私の名誉をかけた声明はすでに当局のものの代わりとなっていたので、私は一般市民がいかなる軍事措置も望んでいないことをアメリカの指揮官に保証した。短波ラジオで指揮官の同意を受け取ったが、彼はそれとともに注意を促して、私がすべてのアメリカ人の命に責任をもつと約束したのだから、と念を押した。一人のアメリカ人が私のオペルに同乗し、随行してくれた二人は必然的に一台の戦車に乗り込むことになった。私たちは再びザンクト・ゲオルゲンの町に向かってハンドルを切り、いくらか距離をおいて戦車がそれに続いた。この小さな町に着くと人々の驚きは歓喜のデモへと様相を変え、当局や住民は、私たちに感謝の言葉を何度も何度も繰り返した。アメリカ人は救出者として歓迎され、ザンクト・ゲオルゲンと同じ喜びがまもなくグーゼンにも広がった。

第二グーゼン収容所は、「アメリカの戦車を見た」と興奮に渦巻いていた。私は、大通りにいる戦車を戦列につかせてから予備指揮官の所へ向かい、一発の発砲もしないこと、秩序を守ることなどを誓約してもらった。

ここでは、伝言を伝えようと何人もの人が私を探していた。彼らはみな、残留しているナチの武装親衛隊が塹壕を掘り始め、本格的な機関銃の陣地を造っているという気が重くなる知らせをもたらした。私たちは、ほかのすべての予防措置を中断して、すぐさまマウトハウ

(9)　戦争末期、「民族総動員令」の一環として、都市防衛のために一六歳から六〇歳までの男子で編成された民兵組織。

ゼンキャンプへ向かった。それほど、マウトハウゼン収容所からのこの警告は緊迫していたのである。とはいえ、その前にグーゼン飛行機工場に立ち寄って、アメリカ人たちに坑道の入り口を説明し、ダイナマイトが仕掛けられた坑道を見せた。私は危険を覚悟で、突き出た導線をポケットナイフで切り離そうとその坑道に一人で入り込んだが、そこまでたどり着くことはできなかった。たぶん、それでよかったのだろう。

これ以上の時間はもはや無駄にできず、私たちは第一グーゼン収容所を通り過ぎてマウトハウゼンに直行した。小さな橋を通過するとすぐ、うれしいことに、そこの頑丈な花崗岩の要塞からなる戦車用のバリケードがなぜか開いたままになっているのが見えた。不審にも思うが、住民への信頼がそれに勝る。本道からそれて要塞へ続く急な山道を登った。クネクネと続くカーブを進むと、すぐそこに火葬場の煙突が見えてきた。もう一つカーブを曲がれば到着である。心臓をドキドキさせながら最後のカーブを曲がると、パッと視野が開けた。目の前には馴染みのバリヤーが下ろされていた。司令部を見つけたときには、鉤十字の旗が消え、二本目のマストに白旗が高く揚げられるところだった。

被害者の手中に落ちた加害者

最後の一〇〇メートルで、私は自分の行動が正しかったのだと認識した。憤激が噴き出して収容所の中は荒れ狂い、不気味にどよめいていた。捕虜たちの姿が見え始めた。私は混乱を引き起こしてしまったのか、ほとんどの捕虜が屋根の上に集まって腕を振り回していた。彼らはいったいどうなってしまったのだろう。辺り一帯が轟然とたけり狂っていた。

私は白いオペルに乗って収容所の中へと進んだ。戦車を大きなガレージへ誘導し、そこでナチの武装親衛隊を武装解除させるべく交渉を始めた。この作業は決してたやすいものではないが、何千人もの捕虜たちがわずか数人の私たちを支援してくれた。だが、抵抗はなかった。ナチの武装親衛隊のグループは小さすぎた。収容所内では役割分担が滞りなく行われ、予定通り捕虜たちは、早くもナチの武装親衛隊の武器や陣地を引き継ぐこととなった。そして、ナチの武装親衛隊の兵士たちは拘留された。

武装した捕虜たちは、さっきまで彼らを苦しめていた加害者を見張っていたが、それは容易なことではなかった。銃床が親衛隊員の頭に振り下ろされ、リボルバーの台尻が収容所の前主君の顔にあざをつくった。捕虜たちがバラックからなだれ出てきた。叫び、わめき、たけり狂いながら、誰もがこちらへ向かって押し寄せてくる。私たちは肩車に乗せられ、捕虜たちからキスの嵐を受けた。初めは抵抗感に襲われ、背筋には氷のように冷たい悪寒が走ったが、そのうちこの抵抗感は跡形もなく消え失せた。とにかく、今はこういう状況である。これはこうとして受け入れるしかなかった。捕虜の一人は気がおかしくなってしまったのか、私の車のボンネットに座ると車を愛撫して回り、もはや降りようとしなかった。仕方がないので、私は彼をしばらくの間そうやって座らせておいた。

一九四五年五月五日の正午ごろにはナチの武装親衛隊員はすでに全員が武装解除され、同時に国民突撃隊の兵士および元ウィーン消防隊の武装防火警察も武装解除された。混乱はますますひどくなり、捕虜たちは台所へとなだれ込んだかと思うと、司令室を強奪するグループや在庫衣服を一掃するグループも現れた。彼らはズボンを四本も五本も重ねてはいていた。女性までもがあらゆる略奪に参加し、憤激は最高潮に達した。台所は破壊され、事務所もナチの武装親衛隊の宿泊所も破壊し尽くされた。思いも寄らぬ混乱だった。解放が果たされ、人々は解き放たれた野蛮な群れと変わり果てたのだった。突然、自由になる、それは想像をはるかに超えることだった。(中略)

一方では、パンくずや投げ捨てられたタバコの吸殻、豆粒を一粒一粒集め回る人々もいた。彼らには、ほかの人々を理解することができなかった。自分の周りで何が起こっているのか把握できなかった。彼らにとっては、まだすべてが以前のまま、今までと同じように真っ暗なのだ。彼らはもう救いようがないのかもしれない。(中略)

時間はどんどん過ぎる。私は再びオペルに座り、その後に戦車が数台続いた。私の行動はまだ終わっていない。第一および第二グーゼン収容所はやはり清掃する必要がある。武装解除はマウトハウゼンよりも早く遂行され、次々と武器が積み置かれた。山と積み上げられた武器の上、大きな缶に一杯、二杯とガソリンがかけられたかと思うと即座に一本のマッチがその巨大な山に火をつけた。まもなく、二〇〇〇人を超える捕虜が一団となって道路に立った。こぶしでさんざん殴られることはあっても、奇妙なことに発砲は一発もなかった。ケーペニック事件(10)は成功に終わったのである。アメリカの戦友は、私の手を握って一緒にガルノイキルヒェンへ来いと誘った（命令によると、彼らはそこへ戻らなければならなかった）。

だが、さっきまで監視員だったドイツ人が武装解除され、権限を奪われてなす術もなく道路に立っているので、解放された捕虜の一人が鉄条網をよじ上ってその道に出ようとした。それを見たアメリカ人が、そちらの方に向かって威嚇射撃をした。この発砲が、不意に逃避を誘発した。誰も彼もが金網の柵に向かってなだれ込んだ。捕虜たちは、この発砲を聞いて初めて自分たちが自由になったことを悟ったのだった。

みんながみな自由になろうとし、あちらでもこちらでも、以前はあれほど危険だった有刺

---

(10)　Kopenick はベルリンの一市区。ケーペニック事件とは、一九〇六年に靴屋が大尉の制服を着て行った詐欺事件。

鉄線をよじ上り始めた。そのとき、その頭上で機関銃の一斉射撃が響き渡った。アメリカ人は、この収容所から捕虜たちが脱走するのを防がねばならなかった。マウトハウゼンではうまくいったことがここでは失敗しそうだった。捕虜で編成された監視員は秩序をつくり上げるには少なすぎ、他方では必要なアメリカ人兵士の補充もまだ行われていない。アメリカ人はお手上げ状態となり、捕虜たちは出口へと殺到した。彼らは、この汚染されたバラックが立ち並ぶ恐怖の場所を出てゆき、周辺の田畑へ、村々へ、農家へと押し寄せた。彼らは食料を求め、衣服を求めた。今着ている服でなければなんでもよかった。そして、パンと牛乳を少し……。これから恐ろしい日々が始まることになる。（中略）

グーゼンとマウトハウゼンの収容所は確かに解放された。オーストリア最大の飛行機工場は爆破を免れ、推定総額一〇〇〇万から二〇〇〇万スイスフランの数々の飛行機はこの工場に残った。大量の貯蔵アルミニウムは破壊されずにすみ、ザンクト・ゲオルゲンやグーゼン、マウトハウゼンの町は戦争の被害を免れた。死を運命づけられていた強制収容所抑留者は自由の身となったわけだが、この先いったいどうするのだろう。自由とは飢えである。私が立ち向かった最大の問題である「根絶」は解決することができた。そして、それによって六万人の人々が自由を得たが、アメリカ軍はまだリンツに入っておらず、マウトハウゼンやグーゼンで解放が実行されていたときにもリンツ周辺ではまだ銃弾が荒れ狂っていた。

五月六日から八日——マウトハウゼンで開始した任務を拡大する中で、何はともあれ平安と組織づくりに心を配った。元捕虜たちは、自ら組織の構成を決めた。リーダーシップを取ったのはロシア人捕虜のグループだった。でき上がった監視員の編成には文句のつけようがなかったが、これはとくに、オーストリア（捕虜）委員会デュルマイヤーの功績による。個人データを基にして、新しいカードファイルを作成しようとさまざまな対策が立てられた。司令部にあったカードファイルは、最後の日にナチの武装親衛隊の手で処分されていたのである。

五月七日および八日には、アメリカ軍が進軍してきた。彼らはグーゼンとマウトハウゼンの収容所の総指揮権を引き受け、捕虜が行っていた監視を引き継いだ。数日前までナチの武装親衛隊の殺し屋が立っていた場所で、今はアメリカ兵が見張っていた。彼らは、解放された強制収容所を見張っていた……解放された捕虜が一人も逃れることのないように。アメリカ赤十字社の車がやって来た。病院を丸ごとグーゼンへ持ち込んできたかのようで、すぐさま両収容所の清掃を始めた。目をやる先々に死者が横たわっていた。餓死した人々もいれば、最後の最後に捕虜の手で殺害された大量の死体の中には監督役を務めた囚人も混じっていた。

誰も忘れることのない葬儀

ガス室は一部がまだ残っている。送風機、ここではガスの流入を調節する設備だが、それはもぎ取られたまま収容所の近くに隠されていた。三人が同時に吊られた絞首台は、跡形もなく溶かされた。バッハマイヤーやツィーライス（毎日三〇人から四〇人のうなじを撃ち抜いた親衛隊の獄卒(11)）が狼藉を働いた銃弾受けの壁は取り払われて破壊された。火葬場は無傷だった。炉は変わらぬ姿で残っており、ここではつい先日まで火葬場の職員が灰にされていた。手当たり次第に徴募された七人の作業員のうち五人までが殺害され、残る二人はすんでのところで隠れ場所に連れて来られて、そこで五月五日の解放を迎えた。二日間で埋葬された死体は一五〇〇体以上に及んだ。大きなパワーショベルが地面を掘り、長い墓穴が掘り起こされた。そして、埋葬に参列するよう、住民が呼び集められた。（中略）

周囲に横たわる死体を積み込むために、男たちが全員かり集められた。至る所、ありとあらゆる所に、やせ衰えた死人や監督役を務めた傷ついた囚人、そして銃殺された捕虜が横たわっていた。彼らは、全員埋葬されなければならなかった。

グーゼンやザンクト・ゲオルゲン、マウトハウゼンの男たちには、何ともゾッとする時間だった。彼らは日曜日用の晴れ着で来るように、そしてまたシャベルで武装して来るように要請された。死体は車に積み込まれ、掘り起こされた墓穴に運ばれて、男たちの手によって長い長い墓穴に一人ずつ並べ置かれた。（中略）

誰も忘れることのない葬儀、ほんの数年前、建国一〇〇〇年が公示されたときに歓喜の声を上げた人々に今では不安がのしかかる。顔見知りになった男たちが、毒物や首吊りで命を絶った。彼らはこの夜、この世を去ってしまった。

やらなければならないことは山ほどある。私たちはできることから片付け、手助けをした。マウトハウゼンではどうしても必要な糧食が不足していた。「どうして赤十字はもう小包を届けてくれないんだ」と、毎日アメリカ人に聞かれた。グーゼンのアメリカ軍病院では緊急に医薬品を必要としていたし、布製品類もまったく足りなかった。そこで私は、ロシア軍の所へ車を走らせようと申し出た。

ロシアとの境界線の数百メートル手前に来て初めて赤十字の車両に出合った。私は驚いてその車を止め、運転手にザンクト・ゲオルゲンに向かうよう指示した。私はペルグに向かってさらに走り、ロシアのチェックポイントを抜けて司令官の所へ連れていってもらった。私の願いはほぼ叶えられ、食料などを満杯に積んだトラックでグーゼンに戻った。

マウトハウゼンで、私はロシア軍シュコフ参謀本部の高級将校に紹介された。彼が私の行

(11)　獄囚を取り扱う下級の役人。

動に対して感謝を述べるので、私はＣＩＣＲ宛てに私信を書いて欲しいと頼んだが、彼はそれを断固としてそれを拒否した。

マウトハウゼンとグーゼンの解放は一人の男の、一人のスイス人の所業であり、ＣＩＣＲの所業ではない。さらに言うならば、ロシアはＣＩＣＲと関係がなく、スイスとも友好関係がないので私の希望には添えない、この感謝は私にのみ向けられたものである、ということだった。（中略）

スィーベル陸軍大佐（指揮権をもつアメリカの大佐）との協同作業の中で、私は送還を続けた。運転手と車を使って、私は赤十字のコンボイを探しに出かけた。トラック運転手の証言によると、そのコンボイはミュンヘンとザルツブルクの間にいるはずだった。

二日間、私たちは休むことなく小包を積んだコンボイを探し続けた。夜遅くなってから、一台きりで走っている車を発見した。その車は、ザルツブルクから東におよそ六キロから七キロの所でわき道にそれた。私はその車の後を追ったが、どうやら折しも並々ならぬ幸運に導かれたようである。大きなコンボイ、それもホッペラー少尉のコンボイがここツォリングで休んでいたのである。マウトハウゼン用の小包をようやく受け取り、私は喜色満面だった。

だが、ホッペラー少尉は私を見て驚いた。私は、すさまじくやせ衰えて彼の前に立っていた。ホッペラー少佐は私に清潔な下着をくれただけでなく、彼の余分な服やコッヘル(12)も分けてくれた。私はまたうれしくなった。再び身の周りの品を持つことがうれしかったのである。

それだけでなく、ホッペラー少尉は私をさらに喜ばせてくれた。マウトハウゼン収容所用にと、数台の車両を引き渡してくれたのである。この車で、再びスイスへの送還を行うことができた。

ジュネーヴからの疎ましい来客

数日後、私はスィーベル陸軍大佐を表敬訪問していたドクター・トゥヒクムという一人の派遣員に出くわした。彼は、この収容所でＣＩＣＲの派遣員に会って驚いていた。四人からなるジュネーヴの委員会も訪れ、彼らもまた私がここにいることにびっくりした。ＣＩＣＲから忘れ去られたまま、末端にいながらも派遣員としてできるだけのことをしているということ、そしてまた、マウトハウゼン派遣団のことを知らずに驚いているジュネーヴの人々に会うということは、私にしてみれば何とも不可解な状況だった。ここマウトハウゼンで赤十字の代表者に会って初めのうちは喜んだが、それだけに彼らが挨拶も報告もなしに再び私のもとから去っていったときの驚きは大きかった。そのとき私は、相変わらず避難させるべき捕虜の援助に全力を注いでいた。（中略）

(12)　登山用の携帯組み立て式の炊事用具。

収容所に別れを告げる日が近づいてきた。スィーベル陸軍大佐は、レウィス陸軍大佐と交替した。レウィス陸軍大佐は派遣員の作業をありがたく思ってくれたし、アメリカ軍も個々の派遣任務をきちんと評価してくれた。

レウィス陸軍大佐は、私がほかの誰よりも真剣に人々の世話を行い、暴力の犠牲になった人々のため、そして死を運命づけられていた強制収容所の解放のために自らの命を危険にさらしてまで努力したのだからと、この先も私に収容所で任務を続けて欲しいと言う。再びここを訪れて、苦境にいる元捕虜たちのためにともに働いて欲しいと言うのであった。（中略）

私は、ある体験を記憶にとどめさせてもらった。つまり、悲惨な状況にいる人々をいかにして再び生に導くことができるのか、という体験を。信頼には信頼を、という思いが、解放されたこれらの人々の中に大きく育っていった。ユダヤ人、非ユダヤ人を問わず、あらゆる国籍の人間に一人の信頼できる人間がついていた。彼は彼らを、解放はされたものの自由のない状況から引っ張り出そうとした。人々は再び人々を探し求め、人々は家に戻りたがり、人々はここを出たがった。だが、彼らは故郷も家族もすべて残らず失ってしまったのである。

（中略）

そういう意味で、個人的に働き続けるため、私は慈善団体の行動からはみ出すことにした。そう、困窮した人々に手を貸すために。

捕虜たち、いつしか情が移った友たちは自由の中へと踏み出していくが、私の記憶の中にはいつまでもとどまり続ける。言葉にされない思いは書面になって手渡された。文字に綴られた、これらの数少ない心からの感謝の表明でマウトハウゼン派遣員としての私の任務は完結した。

私は、神の名において何かを行ったのだと畏敬を感じながら回顧する。その行動は条文を犯しはしたかもしれないが、人道的原則に基づく唯一の正しい行いだった。私は、国際赤十字がこの困難な任務を私に託してくれたことをうれしく思う。私は、自分がある行動を成し遂げたことをうれしく思う。そして、神が私自身を無事でいさせてくれたことに感謝する。

（中略）

特別に感謝を捧げたいのは、当然のことながら私を心から信頼してくれ、マウトハウゼン強制収容所解放のために戦車を自由に使わせてくれたリンツ郊外駐在のアメリカ軍司令官である。


四月二一日から五月半ばまで、マウトハウゼンでの任務について書かれた赤十字国際委員会のルイ・ヘフリガー派遣員による「レポート」はこのように終わっている。六月と七月、彼はアメリカの依頼によりオーストリアとドイツからの送還に携わる。その後、強制収容所の様子やナチの武装親衛隊の犯罪に関する証人として、アメリカ戦争犯罪局のためにダッハウ裁判に出廷する。彼の足跡は、北ドイツでしばらくの間消失し、赤十字の通知によると、彼はそこで派遣員を辞めて金の工面をつけたとされているが、その証拠はない。チューリヒに短期間滞在した後、彼はスイスを離れてウィーンに落ち着き、そこで二度目の結婚をする。そして、一九五五年、ルイ・ヘフリガーはオーストリア共和国の国籍を取得した。

早くからの見解、アンチ・ヒトラー

ジュネーヴの赤十字国際委員会は、ヘフリガーの人道的働きを「勇気があり、冷静」だと認めた。彼自身はというと、いくつかの随伴事情のために「いかさま師」だという烙印を押され、何年間もそのような人間としてあらわに中傷され続けた。一方、赤十字という観念の生みの親であるアンリ・デュナンもまた、浪費家だとか「キチガイ」だとかといって避けられ、保護施設で面倒を見てもらっていた。

デュナンとヘフリガーを直接比較するつもりはないが、スイスの公共機関がこの二人に対して同じような扱いをしていることは心にとめておかねばならない。つまり、ジュネーヴもスイス連邦も、少々変わったレッテルを貼られた人間を避けていたのである。自分の権限を拡大解釈し、戦争中に何千人ものユダヤ人の命を救ったブダペストのカール・ルッツ領事[13]やザンクト・ガレン警察のパウル・グリュニンガー中隊長[14]のように、ルイ・ヘフリガーもやはり官僚主義の世の中から誹謗された。グリュニンガーのように法的に追及されたり、ルッツのように職務処分を受けたりしたわけではないが、銀行の職を失ったことにより、彼は赤十字国際委員会から不当に扱われていると感じていた。ジュネーヴのこの委員会に対してマウトハウゼンの救済者は、自分が得て当然と信じていた功労に対する評価を死ぬまで請求し続けている。

ラウル・ワレンベルク[15]が、彼の母国であるスウェーデンで受けた評価と比較すると分かりやすいかもしれない。戦後になってスウェーデン王国は、最初は家族や外務省から見放されていたワレンベルクの救済行動がこの国に必要なものだったと認めた。ところが、スイスではそうはいかなかった。非常にヘルヴェツィア[16]的に、ルッツやグリュニンガー、ヘフリガーといった人々もほかの型破りの善行者も、遅きに失してからやっと承認され正当な評価を受けたのである。

窮迫の中でボランティアが求められていたときに銀行員へフリガーをジュネーヴの赤十字国際委員会に応募させたもの、それは明白なアンチ・ヒトラーという見解と、国家社会主義がつくり

---

(13)（一八九五～一九七五）ナチス政権下のブダペスト駐在スイス領事。ブダペストのユダヤ人のために保護状を考案し、何万通もの保護状を発行するなどして六万人以上の命を救った。

(14)（一八九一～一九七五）一九三八年から一九三九年にかけて、連邦の指示を無視して封鎖された国境を抜けさせ、何百人ものユダヤ人難民を救った。

(15)（一九一二～一九四七）一九四四年から一九四五年まで外交官としてブダペストに駐在。保護状を発行したりして多くのユダヤ人の命を救う。一九四五年一月、ロシア軍に捕らえられモスクワへ送還される。ロシアによると、ワレンベルクは一九四七年に獄死したとされるが、真実は不明。

(16)　スイスのラテン語名。

出した強制収容所内の身の毛もよだつような組織に関して早くからもっていた知識だった。ヒトラーをどう見るかということについては、ずっと以前に人権連盟の声明から学んでいた。当時、絶滅収容所について知らないのは当然だったが、一九三〇年代にユダヤ人の銀行顧客と接触があったことから、それも彼の耳に入るところとなった。まだ若い彼の正義感や早くから抱いていた法律問題に対する関心、そして喜んで任務に就く姿勢は、ミグロの創立者であるゴットリーブ・デュットヴァイラーの政治的な関心を引いた。そして、彼を仲裁者選挙に向けて育てて支援しようと計画するが、それもまた挫折を見るのであった。[17]

ルイ・ヘフリガーは、いつまでとも分からぬまま家族のもとを離れたが、それは永

戦時捕虜へ送る小包（スイス、1945年1月）
（写真提供：国際赤十字・赤新月博物館）

バーゼル（スイス）の赤十字国際委員会の倉庫に積まれたイギリスの小包
（写真提供：赤十字国際委員会）

遠となる運命にあった。なぜなら、彼の家族もまた、戦後この「いかさま師」とは一切かかわりをもちたがらなかったからである。そして彼は、安定していた職業を――必要もないのに？――危険にさらした。しかし、不安定な生活は彼にとってそれほど特別なことではなかった。すでに幼いころ、ヘフリガーは安定した生活から突然引き離されたことがあった。一九一六年、スイス兵士としてパトロールを行っていた彼の父親が誤って銃殺されてしまったのである。

学校でも職業見習いでも、ヘフリガーは特別成績が良いわけではなかった。それに反して、より異彩を放ったのがスポーツマンとしての彼だった。フランスで開かれた競歩の大会で、彼は本領を発揮した。

手元のお金でパリにたどり着くと、そこで彼は職と成功を求めた。彼にはチューリヒが窮屈になっていた。パリでは短期間だが旋盤工を習ってカナダへ移住しようと考えたが、一方で始めてみた商業見習いを終えたときに――大きな経済危機の後まもなく――チューリヒの有名銀行「バンク・ロイ」に雇われた。採用の二時間後、この若者はすでに郊外市区の支社長に昇格していた。まもなく彼は外貨を取り扱う部署で仕事をするようになり、のちにその部署を彼の着想に従って率いるようになるが、そこでルイ・ヘフリガーはツィヴィールクラージェ(18)を発揮している。一九

(17)　一九二五年にゴットリーブ・デュットヴァイラーが創設した協同組合的コンツェルン。スーパーマーケットでは独自の安価な製品を提供し、銀行やガソリンスタンド、語学学校なども経営する。
(18)　理不尽なことがらに対して市民として自己の信念を主張する勇気。ビスマルクの造語。

三九年、上司に封鎖マルクのパニック的な売りに歯止めをかけてもらおうと、彼は銀行の頭取に直談判したのである。そしてその後、マルクは利益をもたらすように売られるようになった。

突飛のないことをやり出す上に貫徹能力に長けているというこの個性が、この若い男を「彼は間違っている」という問責や嫉妬にさらしてしまったのだろうか。それともやはり、ここには銀行側の欺瞞が一枚かんでいたのだろうか。そして、それが彼を失業に追いやり、赤十字国際委員会の派遣任務を頼みの綱とさせたのだろうか。本当のところは分からない。いずれにしても、のちのジュネーヴではヘフリガーは絶望のために派遣員に応募したのだと見ている。

赤十字国際委員会の上層部は、一九五五年に至ってもなお、ヘフリガーが職を求めて接触していた首都ベルンの官庁に秘密厳守の文書を送り、その中でヘフリガーの人身攻撃を行っている。その結果、今度はスイスの官僚から国連機構に対して彼の変則的な行動に対する非難が伝わり、国連プログラム内での送還に携わった経験があるにもかかわらず、彼の採用は見送られることとなった。

ルイ・ヘフリガー自身の耳には、そのような非難の詳細が届くことはなかった。このような非難はウィーンのスイス公使館からも発せられており、ヘフリガーの評判に対する問い合わせが来るたびに、彼はいかさま師で、戦後のウィーンの闇市商人だと公言して彼の信用を失わせていた。

オーストリアのチャデック法務大臣は、一九五〇年、オスロのノーベル委員会に対し、このスイス人をマウトハウゼンの救済者であるとして公式にノーベル平和賞に推薦していたが、そんなことが考慮されるはずもなかった。それよりも、同郷人の冷たい態度の方がずっと幅を利かせていたのである。本来ならば、その同郷の人々の言葉こそがもっとも頼りとなるはずなのだが。

冷戦中の変動的な見方

冷戦というまったく異なった兆しが現れ、ヘフリガーの解放行動は政治的にさらに評価が分かれた。捕虜下の共産主義者や社会主義者は、抵抗という面では、のちに外から影響を受けたときよりも収容所のかなりよくまとめられた組織の方が大きかったと記憶にとどめている。歴史的に見れば、最後の瞬間に発生しえたもっとひどい激昂や大量殺戮を防いだのはただ一つ、緊張した状況下での強制収容所の安定化および収容所という複合体の一部であった飛行機工場の保全に際してすべての関係者が一致団結したことによる。このことは、正しく記憶しておかなければならない。ロシア軍の高位の人間も、ヘフリガーに対して収容所のロシア人のために働いてくれたことを口頭で感謝している。それなのに、のちのプロパガンダは事の成り行きをでっち上げ、旧ソ連の将校と一緒に写った写真に修整を加えてヘフリガーを消し去ってしまっている。

この変動的な見方は、マウトハウゼン記念式典にも反映されている。一九四九年、当時オーストリア連邦首相であったキリスト民主党のレオポルト・フィーグルは、スイス人ジャーナリストのアルフォンズ・マット（一九二〇～二〇〇一）に「これ以上すばらしい同郷人はいない」とへフリガーを紹介した。ところが、一九九五年の五〇周年の際には、すでに没していたこの救済者については一言も言及されず、強制収容所の博物館でも長い間ヘフリガーの肖像や名前すらも見られないままだった。ルイ・ヘフリガーが偲ばれ、再び敬意が表されたのは、五五度目の解放記念が訪れてからのことである。

彼のレポートと赤十字国際委員会のほかの強制収容所に関する報告を比較すると、ナチの武装親衛隊が証拠隠滅のために計画した死の避難を阻んだことによって、ヘフリガーが多くの人々の命を救ったことは明白である。戦争末期には、テレズィエンシュタット（チェコのテレジン）周辺の地域だけでも、円を描いてただグルグルと無意味に走る鉄道列車の中で三一〇〇人のうち一一二〇人が死亡している。派遣員の中には、与えられた任務以外のことはせず、収容所の指揮官とも悶着を起こさず、ヒムラーの国家公安本部を引き継いだが、かぎられた権限しかもたなかったベルリン法務省の承諾なしには行動しないといったように、せっかくの捕虜訪問を簡単に済ませてしまう人々もいた。それに比べ、ヘフリガーが個人的に行った働きはのちのちまでその影響を残し、マウトハウゼンの状況を沈静化させている。また、ほかの派遣員の報告には、骨の髄まで人道主義がしみ込んだブルクハルト委員長だったら使わないような、そしてヘフリガーの報告にはまったく見られない不相応に官僚的な響きがときおり見受けられるのも事実である。

ケーペニックとレジスタンス闘士

ヘフリガーは、ケーペニックだったのだろうか、それとも英雄だったのだろうか。ケーペニック事件のことは彼自身も口にしている。「英雄」というタイトルは、熱狂することの少ないヨーロッパ人とは異なり、この概念を気楽に使うアメリカ人がつけたものである。フリードリヒ・フォン・ガゲルン(19)の大仰な小冊子『マウトハウゼンの救済者』を読むと、ヘフリガーの英雄的な行動はうつろで鑑賞不可能なワグナー(20)のような響きを伴っている。個人的な勇気やツィヴィルクラージェ、執拗、そして即興の才。これらは、一九四五年四月二一日から五月八日までのマウトハウゼンをめぐる出来事、派遣員ヘフリガーが深い影響を与えた出来事を正確に釈《しゃく》義《ぎ》したものである。それでもなお彼は、古風な英雄のように衝動的に目的に向かってひたすら行動し、未知の権力にわざと我が身をさらして公の対立の中で厳しい試練に耐え抜いている。彼は、真の人道性を生き、そして自滅したのである。

---

(19)（一八八二～一九四七）オーストリア生まれの作家。哲学、歴史、文学史を学び、その後執筆活動を始める。小説《Die Strasse》、《Der tote Mann》など。

(20)（一八一三～一八八三）ドイツの作曲家。旧来の歌劇に対し、音楽・詩歌・演劇などの総合を目指して楽劇を創始。歌劇『さまよえるオランダ人』、楽劇『トリスタンとイゾルデ』など。

ウィーンのフランツ・ケーニヒ枢機卿[21]がほのめかした通り、ルイ・ヘフリガーは倫理的な動機から生まれたレジスタンス闘士だった。ボーイスカウトの創設者であるベーデン＝パウエル[22]の高貴な路線を歩むボーイスカウトだった――少年のころ、どういうわけか彼はチューリヒの青少年運動に受け入れてもらえなかったのだが、ひょっとしたら、それに対するリアクションが遅くなってから無意識に現れたのかもしれない。

ヘフリガーは、人権のために先頭を切って闘った初期の人である。今日では、バルカン半島やアフリカ、アジアなどの戦争という舞台で同じように救援組織のボランティアが活動している。心の奥深くをのぞけば、実は彼は、子どものころすでに正義感をひどく傷つけられた人間として自分に何ができるのかを証明しようとしていたのかもしれない。ルイ・ヘフリガーは、なぜ戦争末期の混乱の中へ身を投じようと決心したのか。この問いに対する解釈は、どれも今一つはっきりしない。だが、このマウトハウゼンの救済者は、思いもかけない状況の中で人間にできることを、そして人間らしいことを執拗にやり通す心と勇気をもち合わせていた。このことは、はっきりと覚えておかなければならない。

非公式の名誉回復

ルイ・ヘフリガーは、一九九三年、スロヴァキアのポドブレゾヴァで生涯を終えた。長年委員会のメンバーを務めたハンス・バッハマンは、一九八七年、非常に個人的な心温まる手紙のやり取りの中で赤十字国際委員会とヘフリガーを和解させようとした。若いころ、バッハマンはブルクハルトの秘書を務めていた。一九八八年、赤十字国際委員会のコルネリオ・ソマルガ委員長は、オーストリアのレジスタンスに宛てた書簡の中でヘフリガーの名誉を回復させた。この書簡は、レジスタンスにより公開されている。一九九〇年、ソマルガはこの元派遣員をウィーンに訪ね、彼の人道活動に感謝の意を表した。ジュネーヴが数十年に及んでヘフリガーを拒否した理由のより詳細な証明資料は、職員名簿（dossier personnel）に記載されているはずである。しかし、一九九六年の保管文書閲覧規則により、それはこの先二〇四五年まで封緘《ふうかん》され続ける。

一九九八年、筆者はソマルガ委員長から、ヘフリガーに関する「秘密」の暴露にこれ以上固執しないで欲しいと頼まれた。そのような調査をすれば、この派遣員やジュネーヴの委員会のイメージを汚しかねないというのである。しかし、私はその逆だと思う。ヘフリガーという人間に長くかかわればかかわるほど、彼の行動は賞賛されて当然だという確信が深まる。そしてまたそれだけに、人道機構は全体主義システムに対してほとんど力がないということもいっそう明らかとなるのである。

(21)（一九〇五〜　）オーストリアのカソリック神学者。一九五六年から一九八六年までウィーンの大司教。
(22)（一八五七〜一九四一）イギリス人。大学受験に失敗したあと軍人となる。陸軍中将退役後、ボーイスカウト活動を始める。

同じく一九八八年、アルフォンズ・マットは小さな『闇から現れた男（*Einer aus den Dunkel*）』という本を発表した。ジャーナリストのマットは、同年、ヘフリガーを描いたテレビドラマも撮影している。彼はその四〇年前、マウトハウゼンの記念式で当人に出会った。一九九三年には、オーストリアとスイスの両国籍をもつ作家であるヴァルター・シュトリッカーが追悼の辞を出版し、スイスという国にチューリヒ出身の人権闘士を思い起こさせた。ウィーンのスイス協会会長であったシュトリッカーは、年老いたヘフリガーに手を差し伸べ、彼の生涯の歴史を徐々に聞き出したのである。

一九九五年、私はルイ・ヘフリガーのマウトハウゼン・レポートの一部を初めて〈ノイエ・ツュルヒャー・ツァイトゥング〉(23)に公表した。このテキストは遺品の中から私の所に届いたものであるが、現在ではほかの資料とともにチューリヒ工科大学の現代史文書保管所に保管されている。

---

(23) 略名「NZZ」。スイスのチューリヒで発行されている日刊新聞。紙面の質の高さに定評があり、経済問題を広く扱う。

4 十字を背負った赤十字

——赤十字国際委員会、連盟、
そして各国赤十字社・赤新月社

ダニエル・ヒッツィヒ
Daniel Hitzig

ダニエル・ヒッツィヒ
チューリヒ在住。スイス国営テレビに勤務。パレスティナとイラクで３年間、赤十字国際委員会の派遣員として働く。本章の原文はドイツ語。

出典：
Daniel Hitzig, Das Kreuz mit dem Kreuz. Das IKRK, die Föderation und die Nationalen Rotkreuz-und Rothalbmond-Gesellschaften. Originalbeitrag © Eichborn AG, Frankfurt am Main.

「善行を行うだけでは足りない。
その善行はまた、うまく行われなければならないのである[1]」
（ディドロ）

一九七九年一月、ベトナム部隊がカンボジアの首都プノンペンに進駐して、クメール・ルージュ[2]の恐怖支配に終止符を打つ。一〇〇万もの人々が飢餓と戦争を恐れて家を捨て、カンボジアとタイの国境沿いにある仮収容所へ避難した人々は何十万人にも及んだ。

非政府組織（ＮＧＯ）から国連国境救援機関（ＵＮＢＲＯ）[3]にいたる、世界各国から集まった救援の調整役を国連から委任されているのは赤十字国際委員会である。カオ・イ・ダング収容所内にあるわずかな設備しかもたない野戦病院では、赤十字国際委員会の戦争外科医や医療チームが一日中休むことなく働き回り、木っ端みじんになった肢体を切除している。これだけ負傷者が多くなると、赤十字国際委員会の人数では追いつかないことは一目瞭然である。そこで赤十字国

（1）（一七一三～一七八四）フランスの作家・思想家。該博な知識と多方面の才能をもち、小説『ラモーの甥』『運命論者ジャック』のほか、哲学、文学、美術、演劇などに関する多くの著作がある。
（2）一九六〇年代後半にシアヌーク政権下のカンボジアで組織された、ポル・ポトらを中心とする共産主義の反政府武装組織。一九七五年に全土を制圧し、その後、大量虐殺を行って国民を震え上がらせた。
（3）カンボジアとタイの国境におけるカンボジア難民救済を目的に、一九七九年、タイに設置される。

際委員会は、当委員会で働けるのはスイス人のみという規定を廃止して、各国の赤十字社に医療関係者を派遣してくれるように訴えた。とりわけ、産業国の赤十字社がこの呼びかけに応じ、一九七九年から一九八一年までの間には、タイおよびカンボジアで最終的に二〇ヶ国以上の赤十字社員が赤十字国際委員会の傘下で働いている。

それ以後、このような人員は赤十字用語で「スタッフ・オン・ローン」、つまり「貸し出し職員」と呼ばれている。その中には、ケベックからやって来たダニエル・マセもいた。彼は、カナダのプールやビーチを監視する人命救助の仕事をこの国際赤十字の任務のために中断してきた。その彼がいま、苦々しく当時を思い出す。

「僕たちは赤十字国際委員会の看板を掲げて働いてはいたけれども、二等社員どころか一五等といったところだった。赤十字国際委員会の記章をつけることは許されず、重要な情報が交換されたり、援助活動について討論されたりするミーティングに参加することもできなかった。捕虜の訪問や一般市民の保護、捜索業務といった伝統的な領域で、赤十字国際委員会が何をやって何を計画しているのか一切知らなかったんだ。僕たちは、純粋な補助員でしかなかったというわけさ。僕たちの中の多くがきわめて優秀な人間で、自国の赤十字社では幹部だったりしたわけだから、余計に奇妙なことに思えたね。それに比べて、僕たちにあれこれと指図をしていた、スイスからやって来た赤十字国際委員会の派遣員の中には、一度も仕事をしたことがない大学出たてのホヤホヤもいたよ」

このように、カオ・イ・ダングでさまざまな赤十字文化が衝突したのは、いまから二〇年前のことである。二〇年、その間に赤十字国際委員会と各国赤十字社の関係は根本的に変化し、インドシナにおけるこのときの活動が今日では全体的に赤十字の歴史的転機と見なされている。

一九八〇年の赤十字国際委員会は、その無比の全権を盾にとって秘密保持を伝統とし、戦場にいる各国赤十字社やその代表者たちに対してある意味で横柄な態度をとっていた。それに反して、今日の赤十字国際委員会は、各国の団体を腹蔵なく話しあえる真のパートナーとして把握しようと努力している。

しかし、古株の幹部たちは、さらなる透明性をめざす赤十字国際委員会のこの新しい路線を不可能な課題としか思っていない。門戸を開放すれば、不可欠な前提である独立と中立が確かに危うくなりかねないし、そうなればこの機関の支柱を脅かすことにもなるだろう。それに対して赤十字国際委員会の門戸開放賛成者は、年とともに威厳を備えてきたジュネーヴのこの組織について、今日もはやほかに選択の余地はなく、各国赤十字社と「提携」せざるを得ないと確信している。それというのも、赤十字国際委員会はその活動が長くなればなるほどますます赤十字経験のある世界的な労働力に頼らなければならなくなるし、またそればかりか、今日さらに重要なこととして、各国の団体が赤十字国際委員会の資金調達に関して一段と顔を利かすようになってきているからである。姉妹団体との良好な関係は、経済的な理由から赤十字国際委員会にとってはもはや欠かせないものとなっているのである。

冷戦が終了して一〇年以上が経ったいま、人道世界の変革もまたたけなわといったところで、赤十字国際委員会が最終的にどこへ向かっていくのかはまだ分からない。ダニエル・マセのように、その場かぎりで借り出された一人のカナダ人が赤十字救護隊員から赤十字国際委員会本部のコミュニケーション部長代理にまで出世することができたという事実は、赤十字内部の重心がこの二〇年間でずり動き、さらにこの先もずり動いていくことを示す一つの徴候にすぎない。

赤十字運動——争いの絶えない一族

赤十字の標章は、総じてもっともよく知られているロゴの一つである。救急車や、民間および軍の救助活動に使われているスイス国旗の色を入れ変えたこの目印は、消費財ブランドを除いたマークの中では世界中の至る所で最高の知名度に達している。しかしながら、それらのブランドとは逆にこの赤十字の背後に隠れているのは、厳しく管理された世界的なコンツェルンではなく、緩やかな構造をもち、個々の構成団体がそれぞれ極端に異なっているいわゆる「運動」である。ところが、赤十字国際委員会のメンバー三人がグルジアで誘拐されようが、カナダ赤十字社がＨＩＶで汚染された血液をめぐるスキャンダルに巻き込まれようが、あるいはまた国際赤十字・赤新月社連盟がモザンビークへ大洪水の被害者救助に駆けつけようが、世間の大半が口にするのは常に一つの赤十字でしかない。

赤十字国際委員会は、同じ標章の下でまったく異なる運動が行われることの問題性をこの数年間でより強く意識するようになった。

平和通り（Avenue de la Paix）にある旧カールトンホテル、現在の赤十字国際委員会の本部では、赤十字一族の中にある赤十字のイメージは、常に別の赤十字のイメージでもあるということに気がつき始めている。ある国の赤十字社にひどく能率が悪いという評判が立ったり、別の赤十字構成団体の印象が汚職のために悪くなったりすれば、本部としても無関心でいることはできない。赤十字・赤新月一族の全メンバーの代表者からなる代表者会議が二年ごとに開かれて共通の原則が誓約されてはいるものの、人道に奉仕するこの運動は、実際のところ内に対しても外に対してもまだまだ統一性のある機能を果たし切れないでいる。この一族の構成員の誰もが、犠牲者のためだけでなく自分自身のためにもまた提携を余儀なくさせられている。このような認識は赤十字運動の中に浸透し始めたものの、そのテンポはカメの歩みのようである。

ところが実は、独立した立場の一つの委員会がすでに一九七二年、代表者会議から「赤十字運動」の分析を委託されている。カナダ人のドナルド・D・タンスレーが中心となり、赤十字運動の長所や短所を述べた「赤十字のための議事日程（Un ordre de jour pour la Croix-Rouge）」（一九七五年）という報告書ができ上がった。

長所としてタンスレーは、赤十字の仕事が世界中で残している評判の良さと、あらゆる方面からよい印象が得られているという事実を強調している。また、世界中に張り巡らされた各国赤十字社のネットワークは独特であり、調整を図りながらの行動に有利だとしている。各国赤十字社がそれぞれの政府と親密な関係にあることについて、タンスレーはそれを独立性の潜在的な危機というよりは集結的な影響力を行使できる大きなチャンスだと見ている。

一方、短所としてこの報告書に記載されているのは、赤十字の標章のもとに世界中で行われている、あまりにも広範囲にわたる活動である。同じ旗を掲げながら水泳教室を行ったり、政治捕虜を訪問したりするとなると、まるで何でも屋だ。タンスレーは運動に統一性が欠けていると咎め、どの構成団体も、まず自分自身のことばかりを考えて全体のことを考えていないと批判している。

1920年頃の日本赤十字社のポスター（写真提供：国際赤十字・赤新月博物館）

そして、改善を必要とすることとして、さまざまな赤十字間に見られるあからさまなライバル意識を挙げている。プランニングやコンセプトに対する反感があり、一般的に赤十字運動は外部からの刺激に多く反応しすぎて、先を見通す力があまりないという。加えてタンスレーは、赤十字がパイオニアの役割を失ってしまったとも断言している。いま、それに対してなにがしかの対処を行わなければ、将来は能率的な非政府組織（ＮＧＯ）が赤十字をしのぐことになるかもしれないと見ている。

「タンスレー報告は二五年も前のものだが、彼の調査結果の八〇パーセントはいまでもそのまま適用される」と、赤十字国際委員会本部で運動内の提携を担当している部署のアンジェラ・グスィング課長代理は言う。スイスとポルトガルの二国籍をもつ彼女は、一九九〇年から一九九三年まで赤十字国際委員会の派遣員としてモザンビークとソマリアで仕事をした後にアドヴァイザーとして独立し、一五ヶ国の赤十字社の長所と短所を査定した。一九九七年に赤十字国際委員会に復帰したが、これはタンスレー報告の二〇年後、つまり風向きが変わって赤十字一族内の提携が戦略的に必要不可欠だと認められた後のことである。

「各国赤十字社に対する赤十字国際委員会の姿勢は、一九九〇年代になって根本的に変わりましたね。以前は、私たち自身の目標を達するために各国赤十字社をどんな風に利用できるかと考えていましたが、いまでは真のパートナーシップを求めて分析を交換したり、できるだけ緊密な協力をしたりするようになっています」

機能している「提携」の一例は、一九八〇年代の赤十字国際委員会によるレバノン赤十字社の支援に見られる。キリスト教徒だけでなくスンニー派の人々もたくさんいたレバノン赤十字社は、内戦の間中、活発な活動を行っていた。ベイルートの派遣団は、この国に根づき、全国で活動しているレバノン赤十字社に赤十字国際委員会の手に負えないような課題を任せられるのではないかということに時機よく気がついた。

レバノン赤十字社の管理部はあまり効率的でなく、指導部のメンバーは、自分たちの利益を守ろうとしている力のある一族と絡み合っていたにもかかわらず、当赤十字社は一〇〇万スイスフラン(4)にも上る援助金を受け取っていた。赤十字国際委員会にとって決定的な要因となったのは、宗教や派閥など、あらゆる境界を越えてすばらしい仕事をしていたボランティアの救護員たち(secouristes)だった。当時、マロン派の救急車運転手がシーア派やドルーズ派(5)の牙城へ入っていけたのは赤十字のマークがあってこそだった。これらのボランティアは毎日赤十字理念の根本原則を生き、そのためオープンで寛大な赤十字社を示す模範となった。赤十字国際委員会にしてみれば、これだけでもレバノン赤十字社に金銭的な援助をして、これからも活動を続けてもらう十分な理由となった。

これとまったく事情を異にしたのが、一九八〇年代半ばの南アフリカである。南アフリカ赤十字社は、アパルトヘイトとボーア人（オランダ系移住民）の人種差別的な自己理解に支配されていた。赤十字の根底にある、「どの犠牲者もその肌の色とは関係なく救助されなければならない」という理念は、この赤十字社にはまったく無縁だった。タウンシップでは暴力が渦巻いていたが、彼らは気にも留めなかった。それどころか、安全上の理由から、南アフリカ赤十字社の救急車はタウンシップへ入っていって負傷者を救出することを禁じられていたのである。中期的には内戦勃発の気配も漂っていたこの険悪な状況の中で、赤十字国際委員会の派遣団はより大きな暴力の爆発に備えるための方法を模索した。今日、赤十字国際委員会のヨーロッパ、北アフリカおよび中東部部長を務めるアンジェロ・グネディンガー(6)が当時を振り返っていう。

「一九八六年、私は南アフリカの派遣団長代理でしたが、そこで初めてこの運動がもつものすごい潜勢力に気がついたのです。私たちは、南アフリカ赤十字社を『黒く塗りつぶし』て、全国民のためになる仕事ができる体制を整えるという、凝り固まった人種差別的な思考構造を超えた、もうほとんど転覆活動といってもいいほどの課題に取り組もうとしていたのです。私たちの開発

---

(4)　一スイスフラン＝八七・四五円、二〇〇三年七月現在。
(5)　イスラムのシーア派、イスマイル派の一分派。ファーティマ朝カリフ、ハーキムをマラディーとすることでほかのムスリムから批判視されている。主に、イスラエル・シリア・レバノンに分布。
(6)　（一九五一〜）一九九八年より赤十字国際委員会のヨーロッパ、中東、北アフリカ部長、現在は総括部長を務める。

プランには、あちこちで行う説得のための宣伝活動のほかに、南アフリカ赤十字社へ贈るための多額な経済的援助の勧誘もありました」

赤十字国際委員会が考え出した戦略「共同社会組織者プラン（Community Organizers Program)」は、タウンシップに赤十字の新しい細胞をつくり、評判の悪い国家団体に変わって大きな人道的窮境に陥っている場所にそれを根づかせるというものだった。赤十字国際委員会によって教育され出資された黒人が率いる救助隊のおかげで、南アフリカ赤十字社はタウンシップでのイメージ払拭に成功した。こうして、一九九四年の黒人への権力譲渡の際には、南アフリカ赤十字社は新しい時代への準備をすでに終えていたわけである。

変革中の人道の世界

赤十字国際委員会と各国赤十字社間の申し合わせやその時々の提携は、これまでの赤十字の歴史の中にも見られる。自己のキャパシティがわずかだったため、赤十字国際委員会は一九七〇年代に至るまで各国赤十字社と提携をして活動することが多かった。第二次世界大戦中、あるいはビアフラ（アフリカ西部、ナイジェリア南東地域）やベトナムで、赤十字国際委員会は常に現地の、あるいはまた国際的な活動をしている各国赤十字社とともに人道的援助を行ってきた。

一九七三年、ジャン＝ピエール・ホッケが赤十字国際委員会の経営幹部に就任するとともに、ジュネーヴの組織は仕事の基盤を一新し始めた。その理由は、ホッケが「提携」により自己の独立と効率性が脅かされると考えて、赤十字国際委員会を瞬く間に最大の人道組織へと拡大させたからである。この戦略において目標とされたことは、決定に至る早さだけではなく何よりも単独で行動できることにあった。一九七三年の赤十字国際委員会の支出額は、二九九〇万スイスフランだったが、ホッケが赤十字国際委員会を辞め、国連難民高等弁務官に就任した一九八五年の出費は三億八〇二〇万スイスフランに及んでいる。だが、カンボジアの戦争で、赤十字国際委員会の単独行動にかぎりがあることがホッケにも明らかとなった。赤十字国際委員会には一九七九年の時点ですでに十分なインフラや資金があったが、このような大規模な活動を行えるほどの人員はいなかったのである。

このような経緯が理由で、冒頭で述べたように各国赤十字社へアピールを行い、このジレンマから逃れたのだった。

一九九〇年代、冷戦が終了すると、赤十字国際委員会は新しい根本的な問題を抱えることになった。アジアやアフリカ、そしてヨーロッパでも民族間や地域間の紛争が突発し、オックスファム(7)やケアア(8)、セーブ・ザ・チルドレン(9)、国境なき医師団(10)などの数多くの非政府組織、あるいはまた国連の種々の下部組織が人道的作業を行うようになった。このように変化した世界で、赤十字国際委員会はいったいどんな任務を負っていたのだろう。そして、赤十字国際委員会はほかの人道関係者に対してどのような立場をとるべきだったのだろうか。また、寄付金やメディアの注目を集めようとして繰り広げられる一段と厳しさを増した競争の中で、どのように、また誰と協力をすべきだったのだろうか。どこまではっきりと一線を画して、おのれの独自性を主張すべきだったのだろうか。そして忘れてはならないことに、ジュネーヴ協定に明記されている国際人道法が尊重されなくなり、戦場にいる赤十字国際委員会の職員の安全がますます守りづらくなる環境で、そもそもどのようにして犠牲者を救助できたというのだろうか。

冷戦の終了とともに、タンスレー報告によってすでに投げかけられていた赤十字運動の役割や自己理解に関する問題が、突然、再び中心へと押し出されてきた。不快な報告を多かれ少かれ無視するという、この運動が一五年間続けてきた暗黙の了解ももはや助けになることはなかった。

人道的救援が各国赤十字社の手へより繁く移ってゆくとともに、一九八〇年代にはすでに赤十字運動の種々の構成団体間で葛藤が目立ち始めていた。つまり、裕福な北の各国赤十字社は、カンボジアで活動している赤十字国際委員会にも申し分のない適性を備えた職員を貸し出せるのだから、独自に国際的な活動をしていったい何が悪いのだと考え出したのである。分けても、テレビのゴールデンタイムに映し出される国際的な活動が、自国で献血運動を行うよりも多くの個人寄付を集めることができるということは周知の事実となっていた。遅くとも、ポップスターたちがエチオピアの飢饉のために募金を集めた一九八五年七月のライブエイド——ロンドンのウェンブリースタジアムで行われ、世界中に中継されたこのロックコンサートとともに、各国赤十字社にはマスコミが注目するところで国際的活動を行わねばならないという圧力がのしかかるようになった。

こうして、人道組織として危険地域や紛争地域に入り込み、行動原則に中立と不偏不党の権利を要求する「赤十字」は、もうすでにはるか以前から赤十字国際委員会だけではなくなっていたのである。

「PNS」と「ONS」という名称が赤十字用語に初めて登場したのは一九七〇年代の末である。そして、一九八一年にマニラで開かれた赤十字国際会議以来、公式に使用されている。PNSは「Participating National Societies」（参与国家団体）の略で、国際的な作業に参加する各国赤十字

---

(7) 一九四二年に設立されたイギリス最大の救援組織。主に開発途上国の貧困者の救援に力を入れている。

(8) 一九四五年、第二次世界大戦のヨーロッパ被害者を援助するためにアメリカの市民団体が設立。戦後の日本も援助を受けている。

(9) 一九一九年、第一次世界大戦で家や家族を失った子どもたちを援助するためにイギリスで設立。現在、一二九ヶ国が加盟し、世界一二〇ヶ国以上で活動している。

(10) 一九七一年、フランスの医師らが設立。緊急医療援助を目的とした国際組織。一九九九年にノーベル平和賞を受賞。

社である。一方、ONS（Operating National Societies、作業国家団体）は、自然災害のためであれ、武力紛争のためであれ、自国の領土内で別の救援機関に救援に当たってもらっている各国赤十字社を指す。簡単にいうと、ONSとPNSは赤十字一族の中のお金持ちと貧乏人である。つまりこれは、経済と政治で世界を分割するやり方にのっとった、そしてお金が戦争ばかりでなく人道的救援の生命線にもなっていることをはっきりと示している一対の概念といえよう。

一九八七年から一九九九年まで赤十字国際委員会の委員長を務めたコルネリオ・ソマルガが回想する。

「当時、国際的な活動にもっと関与しようとして、とくに、私たちに非常に具体的な問題を提起してきたのが北方の赤十字社でした。つまり、ノルウェー、スウェーデン、フィンランド、デンマーク、そしてアイスランドの五ヶ国です。一九八七年一一月に行われた、この五ヶ国との非公式の会議のことをよく覚えていますよ。この会議で、私は赤十字がこれからどうなっていくのか一挙に理解したのです」

このときに、赤十字国際委員会とスカンジナビアの赤十字社の間で定期的な職員交換を行うという合意に達しただけではなく、責任範囲は赤十字国際委員会にあるが、各国赤十字社によって遂行される「委譲プロジェクト」の礎石も置かれることとなった。

ＰＮＳの自覚が大きくなるにつれて赤十字国際委員会は、運動内での干渉的な姿勢、あるいは傲慢だと受け取られがちな姿勢を改めざるを得なくなった。ＰＮＳとそれらの国の政府が、赤十字国際委員会にとって重要な寄付者である事実を目の前に突きつけられてしまったからである。一九八八年には二億九三四〇万スイスフランに達した赤十字国際委員会の出費のうち、一二・四パーセントが各国赤十字社から直接支払われたり、物納という形の援助で賄われたりしていた。そして、それぞれの各国赤十字社と部分的に密接なつながりのあるスイスやアメリカ、スウェーデン、イギリス、カナダの政府がさらに合わせて六四・三パーセントを赤十字国際委員会の懐に寄付している。ソマルガは次のようにも言っている。

「赤十字国際委員会の予算に欠かせない寄付金を確保したいのなら、これらの各国赤十字社に国際的に名を成す機会を与えてやらなければならないということは分かっていたのです。私たちにとって大切だったのは、これらの協力が赤十字国際委員会の傘下で行われるということでした」

これまで八億六二四〇万スイスフラン（一九九九年、約七五〇億円）と赤十字国際委員会の出費は強力に増え続けているが、大きな各国赤十字社の数字と並べてみるとほとんど取るに足らないものである。たとえば、日本赤十字社は一一七億スイスフラン、ドイツ赤十字社は六六億スイスフラン、アメリカ赤十字社は三三億スイスフラン、そしてイギリス赤十字社は二七億スイスフランといった具合である。国際活動での出費になると、ランキングはまた異なる。トップに立つのはドイツ赤十字社で二億三〇〇〇万スイスフラン、その後にアメリカ赤十字社の一億六六五〇万スイスフラン、そしてイギリス赤十字社の八八五〇万スイスフランと続く。

ただでさえ微妙だった赤十字国際委員会と国際活動を行う各国赤十字社の関係は、本部を赤十字国際委員会から徒歩一〇分と同じくジュネーヴに置く赤十字・赤新月社連盟（一九九一年まで連合と呼ばれていた）が果たす役割によってますます複雑になった。運動内における連盟の伝統的な任務というのは、弱小赤十字社団体に金銭的な援助を施し、その組織や発展を全面的に支援することにある。この重要な仕事は「キャパシティ・ビルディング（能力養成）」と呼ばれ、テレビカメラが向けられない所、そして公共または外交上の注目を引かない所で行われるので、それ相応に資金集めが難しいものである。

この仕事は「セクシーじゃない」と、連盟や赤十字国際委員会の本部では言われている。同様に、あまり魅力がないとされているのが赤十字連盟の二つ目の要となっている仕事、つまり自然災害が起こったときの国際的な支援作業の調整である。設備の整っている各国赤十字社が、連盟の調整に対してまるっきり関心を示さないことはしょっちゅうである。それよりも彼らは、地震や洪水に襲われた国の姉妹団体に直接援助を申し入れたいのである。

一九九〇年代の初め、不安定な自己の歴史の中で強力な加盟団体の影に見え隠ればかりしていた連合は、赤十字国際委員会と合意していた仕事の分担について公然と問い出した。運動内部のこの新しい自覚を表す出来事が、一九九一年一一月にブダペストの連合総会で行われた「国際連盟」への改名だった。連盟という名前になった各国赤十字社の事務局は、赤十字国際委員会とは比べものにならない程度の資力と実践経験しかなかったにもかかわらず、一九九〇年代になると軍事対立が起きている地域に乗り出し始めた。フィンランド人のペル・ステンベックや一九九三年一月以後のカナダ人ジョージ・ウェバーといったダイナミックな事務総長の指導のもと、連盟は自力で活動しようと努力をした。以下は、コルネリオ・ソマルガの談である。

「二つの国際赤十字組織が存在するという事実自体、不運なことです。この二つの組織が二つの並行する構造を紛争地域にもち込んだとなると、これはもうまずいとしか言えません。しかし、はっきりと言うと、連盟もテレビカメラがいる所ならどこであれその場所にいたかったのですよ」

湾岸戦争とその影響

運動の大きなテストケースとなったのは、一九九一年の湾岸戦争である。その年の一一月の末、国連安全保障理事会がクウェートから撤退するようにイラクに要求した四五日間の最後通牒の期限が終わろうとしていた。当時、赤十字国際委員会の中東部長だったアンジェロ・グネディンガーは、この運動の潜勢力をすべて引き出そうと心に決めていた。

「イラクが撤退するのか、あるいは地域的な戦争、もしくは世界大戦が起こるのか、誰にも状況が把握できませんでした。私たちは連合と連絡をとり、この運動の規約が定めている通り、赤十字国際委員会が中心となって協調した行動をともに起こそうと提案しました。しかし、連合が提携の合意にようやくサインをしたのは一九九一年一月一六日の戦争勃発の三時間前になってからでした。以前の権限争いが再び天高く火を吹いていたのです。私たちは連合に対し、援助を申し出てくれた各国赤十字社には、いずれにしてもすべての活動に参加してもらうつもりだとはっきり伝えました。それも、バグダッドにいる派遣団長がアラブ人には黒人に対する潜在的な人種差別感があると伝えてきているにもかかわらず、ボツワナ赤十字社の外科医にも参加してもらうことになっている、と。日本人もアルジェリア人も、戦争が終わるやいなや全員すぐにバグダッドへと車を走らせました。このときには創造性と柔軟性が要求されましたよ。多くの組織が混乱に陥っていて、失敗や労力の無駄遣いも数え切れないほどだったのです。それでも私はこれを、戦場で何が必要とされているかを見極めて、できるだけ早く反応するという赤十字流儀にのっとった最高の人道活動だったと思っています」

ホッケの前の時代、およびカンボジアやタイでのように、湾岸戦争でも赤十字国際委員会は再び戦場で各国赤十字社と直接に共同作業を行っている。だが、一九九一年当時の赤十字国際委員会は、以前とは異なって、このような大掛かりな活動を自分たちだけでやり通せるだけの批判のものさしと独自の経済的、人材的、兵站業務的資源を十分にもち合わせていた。

しかし、赤十字国際委員会の傘下で行われた統一的な活動は、湾岸戦争ではあまり長く続かなかった。平和が訪れ、運動内の調整は再び連合の不動の任務とするという論拠で、休戦成立のわずか三週間後に連合が離縁状を突きつけたのである。そして、赤十字国際委員会の方は、北方イラクの状況とイラクに対する制裁を理由に、運動のトップには中立的立場の仲裁者が必要であると固執した。

紛争地域における各国赤十字社の国際活動が過去も現在も政治的にいかに慎重な配慮を要するものであるかということは、ドイツ赤十字社の例によく表れている。ドイツ赤十字社は、連邦国防軍とともにトルコで人道的活動を行い、そこで北方イラクから逃れてきたクルド人の救援に当たっていた。イラク軍が連合軍の圧力に負けて北方イラクから撤退し始めると、クルド人は帰還をし始めた。北方イラクは国際法で戦争地域に定められていたので、赤十字国際委員会はドイツ赤十字社が帰還者に随行するのを禁止し、その代わりに赤十字国際委員会の傘下で行動し、イラク政府の同意を得てアンマンとバクダッドを経由して北方イラクへ行くように要請した。兵站業務にかなりの負担がかかることを承知で、赤十字国際委員会は法的に非難されないやり方に固執したのだった。このとき、ドイツ赤十字社は赤十字国際委員会の指示に従ったが、トルコ赤新月社の方は直接北方イラクへと押し進んだ。

運動内における意見の相違は、一九九一年一一月に行われたブダペストでの会議の中心テーマとなった。そこでは、二年ごとに開かれる赤十字国際委員会と連盟、各国赤十字社の代表による会議が行われていた。経済的に力のある二四の各国赤十字社、いわゆる「G 24（Group of 24）」（一四九ページにて詳述）の後援を受け、およそ五〇の各国赤十字社が赤十字国際委員会に挑戦状を突きつけた。つまり、広範囲に及ぶ全権を有する新しい委員会をつくって、それが赤十字国際委員会と連盟により良い提携を強要できるようにすべきだというのである。タンスレー報告から一六年経って初めて、運動内で指導的立場を握っているのは誰かということが明白にさせられることとなった。

赤十字国際委員会は、運動の問題に取り組む研究グループは一つだけの方がよいということで最終的に代表たちを説得することができた。ジュネーヴの委員会、つまり赤十字の創立者と「アンリ・デュナンの正統な相続者」の自己理解においては、運動の中で誰が指導的な役割を演じるべきかということは今日までまったく自明のことだった。赤十字国際委員会側からは、南北協力を専門とするジュネーヴの経済学教授であるジャック・フォースター[11]がこの「運動の未来に関する研究グループ（Study Group on the Future of the Movement）」のメンバーになっていた。一九八八年より委員会のメンバーで、現在、赤十字国際委員会の副委員長を務めるフォースターが回顧する。

「一九九〇年代の初めには、冷戦の終了とともに運動全体を統一し、合併するべきだという要求が出ていました。しかし、その結果は合併などではなく、さらなる混乱でしかありませんでした。そのような状況の中で、私たちは再びタンスレー報告を引っ張り出し、彼が引き出した多くの結論を会得したのです」

　赤十字運動が一九九一年に陥ったアイデンティティ危機の最中、そして湾岸戦争の終了直後に、赤十字国際委員会にとって「提携」の鍵となった出来事がある。ソマリアの飢饉である。ソマリアでも、レバノンや南アフリカでのように、ONSとの密接な共同作業が赤十字国際委員会活動の成功を決定づける要素であることが明らかとなった。劇的なテレビ映像が流れると、無数の非政府組織を含む人道組織が効果的なマスコミ報道をめぐって文字通り競争を始めた。しかし、この国に根づいているパートナーを頼りにすることができた人道組織は、唯一、赤十字国際委員会のみだった。

　赤十字国際委員会は、一族や大将軍《ウォーローズ》が反目しあうソマリア社会にスープ配布のネットワークをつくり上げたが、その際にはソマリア赤新月社の支援に依拠した。この職員たちは地域の状況に精通しているばかりか、不偏不党で中立の救援隊員としてすべての紛争関係者から尊敬を集めて

---

(11)　スイス人。赤十字国際委員会の副委員長。経済博士。一九九七年から二〇〇一年までスイス熱帯研究所の管理機関のメンバーを務める。

いた。お金もあり、兵站業務の支援も得て、赤十字国際委員会はこの問題に深く取り組んでいたノルウェー赤十字社とともにソマリア赤新月社をうまく統率することに成功した。何年も前から現在に至るまで、ソマリア赤新月社はかつての領土全域で活動を行っているソマリア唯一の組織である。

一九九一年および一九九二年のソマリアで、「提携」がいかに有意義であるかがすでに明らかにされているにもかかわらず、赤十字国際委員会は当分の間、この「提携」を純粋に目的のための手段としてしか見なさなかった。PNSであれONSであれ、各国赤十字社との共同作業は、常に赤十字国際委員会の仕事の目的でなければならないという認識はまだそれほど熟していなかったのである。

「提携」が重要となるのは、とくに人道的作業上の安全が保証されなくなるときである。ソマリアでは、倉庫が略奪されたり、赤十字国際委員会の派遣員が脅されたり誘拐されたり、あるいは一九九三年二月にはバルデラ（首都モガディシュの西部、内陸部）でたったひと握りのお金のために殺されたりした。これらの出来事から赤十字国際委員会が導き出した結論は、その後、人道的救援者が安全面を理由に直接行動を起こせなくなっているほかの紛争地域の指標となっている。

今日のソマリア活動は、国の南方にある、平和の訪れていない地域に集中しているが、一九九四年七月以降は、それもケニアの首都ナイロビから指示が送られている。そして、赤十字国際委員会の派遣員は、ソマリア人が率いる民間人保護作業を数日間にわたって随伴、監視するために

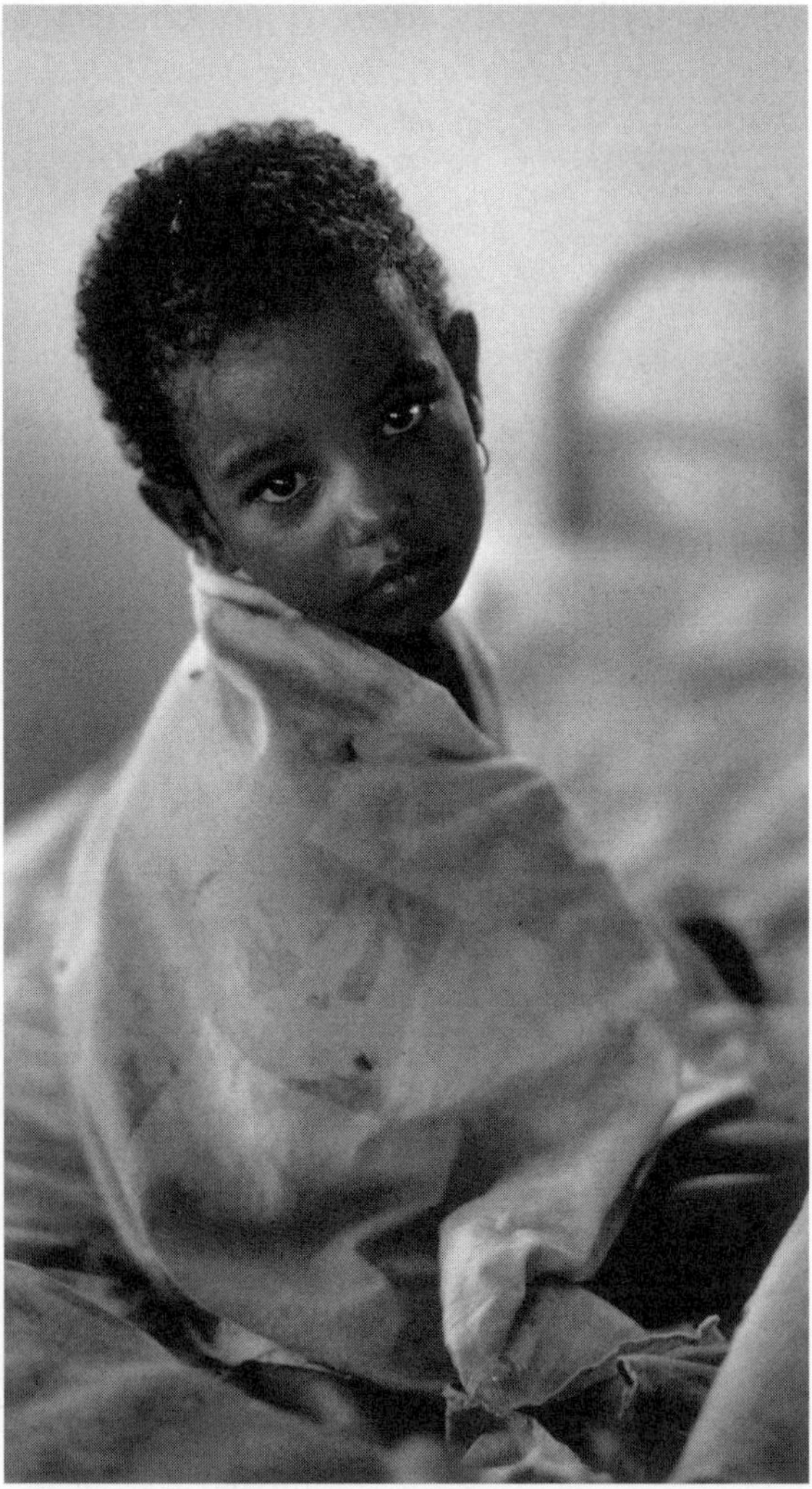

赤十字のシンボル「保護と救援」（写真提供：オーストリア赤十字社）

折に触れてソマリアへ赴くだけとなった。伝統的な赤十字の行方不明者捜索はというと、一から一〇まですべてソマリア赤新月社に任されている。

一九九〇年代にアフリカで起こったもう一つの紛争、ルワンダの場合でも、赤十字国際委員会と各国赤十字社間の「提携」は数少ない希望の灯火の一つだった。一九九四年四月のジェノサイドが始まるとツチ人が社長を務めるルワンダ赤十字社は行動能力を失ったが、「赤十字ボランティア」(12)としてまだ国内を動き回ることができたフツ人(13)の赤十字社は、帰属民族に関係なく、自国民を助けるために全力を尽くした。彼らは、ルワンダを離れなかった唯一の救援組織である赤十字国際委員会の派遣員とともに何百人もの命を救った。そしてそのほとんどが、恐ろしいフツ民兵団のなた攻撃に遭って重傷を負いながらも生き延びたツチ人だった。命までも危険にさらしながら、これらの赤十字ボランティアは通訳としてのみでなく、情報提供者やアドバイザーとしても計り知れないほど赤十字国際委員会に貢献してくれた。

この暗黒の時期に希望の灯をともしたのはルワンダ赤十字社のボランティアだけではなかった。オランダやアメリカ、デンマーク、フィンランドの赤十字社から首都のキガリへと送られてきた外科医チームもまた、蛮行に対抗する連帯意識を掲げて積極的に行動してくれた。ルワンダの極端な状況に置かれた現地の赤十字職員には、赤十字一族同士でばつの悪い争いばかりしているよりもほかにもっとやるべきことがあったのである。

ボスニア、争いの激化

一九九三年一月、カナダ人のジョージ・ウェバーが連盟の事務総長に任命された。彼の目標は、赤十字国際委員会をしのいで連盟を史上最大の人道組織につくり上げることだった。その戦略は明らかだった。戦闘行為が止んでいる所は、すべて連盟の管轄下にあるとしたのである。

新しい場所で次々と戦火を噴いた旧ユーゴスラビアには、不安定な休戦が行われている地域がたくさんあった。連盟は、そのような場所で即座に活動を起こそうとした。赤十字国際委員会の抗議は聞き入れられず、両方の国際赤十字間の葛藤は最高潮に達した。そして、各国赤十字社はといえば、仲たがいをしているこの二つのジュネーヴ組織をそのまま争わせておくだけだった。どの赤十字社も、都合がよさそうに見えることしかやらないといった状況だった。そう、大切なのはテレビに映ることだったのである。

たとえば、サラエボが包囲されていたときには、救援物資を積載してミュンヘンからやって来たバイエルン赤十字社のトラックが列をなして忽然と現れた。赤十字国際委員会はおろか、ドイ

(12)　ルワンダの少数派牧畜民。植民地時代から行政の主要ポストを独占。
(13)　ルワンダの多数派農耕民。ツチ人の支配に反抗、大量殺戮に至る。

ツ赤十字社にすらまったく知らされていない行動だった。とりわけ、イスラム教徒が多くの犠牲者となったこの戦争は、イスラム諸国の各国赤新月社も呼び出すことになった。

国連保護軍（UNPROFOR）(14)のトルコ大隊とともに、トルコ赤新月社も中央ボスニアにある産業都市ゼニツァ（サラエボの北西）の近くへやって来た。包囲された飛び領地のビハチ（クロアチアとの国境近く、最西端の町）では、気がつけば仮病院の建設にイラン赤新月社が加わっていたし、湾岸諸国の赤新月社は、運動の中の一部としてではなく経済力のあるイスラム基金の傘下で活動を行っていた。

マスコミの注目、およびその注目を集めた結果行われる救援は、ほとんど例外なしにボスニア人に向けられていた。ところが、一九九四年から一九九五年にかけての冬に人道的状況が憂慮されたのは、包囲されていたサラエボだけではなくセルビア側でも同じであった。赤十字国際委員会は旧ユーゴスラビアで活動している各国赤十字・赤新月社に対し、すべての戦争犠牲者を援助するという赤十字理念の考え方に誰もが従う義務を負っていることをはっきりと認識させようと努めた。ドイツ赤十字社はこの警告に従い、それ以降はスープの配布プランをサラエボのセルビア地域にまで拡大した。そして、このプランは、歴史に根づく憎悪をものともしない思慮深い女性のプロジェクトリーダーのおかげで成功を見ている。

新しく赤十字国際委員会のヨーロッパ部長となったアンジェロ・グネディンガーは、できるだけ統一性のある赤十字活動を擁護する者として、運動の種々の構成団体と話し合いの場をもつことに全力を注いだ。国際活動を実践している各国赤十字社に赤十字国際委員会が有する保護とインフラを提供するという彼の政策は、徐々に効力を現し始めた。

最初に行われた「相互プロジェクト」の一つに、破壊されたサラエボのガス供給システムの復旧作業があった。かつてオランダの会社によってつくられたこのシステムは、冬の到来までに運転が再開されなければならなかった。オランダ政府が費用をもち、赤十字国際委員会の支援のもと、オランダ赤十字社が中心となって作業が進められた。

ボスニア戦争中、最終的に赤十字国際委員会と各国赤十字社の間には明確に定義された二つの提携モデルが定着した。いわゆる「委譲プロジェクト」と「相互プロジェクト」である。委譲プロジェクトとは赤十字国際委員会が優先的に行う活動で、たとえば損傷を受けた給水・排水システムの修復などがそれに当たる。赤十字国際委員会はこのような作業も自己の計画目標としているが、その実行は各国赤十字社に委譲されている。問題が発生した場合には、赤十字国際委員会がそのプロジェクトを引き継いで終了させる義務を負っている。

それに対して、相互プロジェクトは赤十字国際委員会の中心業務に属していない。PNSがONSとの、具体的にいえば新しく設立されたボスニア・ヘルツェゴヴィナ赤十字社との協同作業

(14)　(United Nations Protection Force)　一九九二年、クロアチアの国連指定地域の非武装化を援護するために設置される。その後、拡大された活動は一九九五年一二月まで続いた。

の中で行う、あるいはその地域の非政府組織と実行する小包み配布や学校の厨房建設などの活動がこれに当たる。このようなケースでは、赤十字国際委員会は車両や建物、伝達手段などのインフラを提供するが、プロジェクトが成功したかどうかについては責任はもたない。

委譲プロジェクトと相互プロジェクトは、すでにボスニア戦争の前から実施されていた。初めての委譲プロジェクトは、一九八九年のデンマーク赤十字社による南スーダンの家畜予防接種プランだった。そして、一九九一年に発足したオランダ赤十字社のガザ地区およびウエストバンクの病院支援プランが赤十字国際委員会と各国赤十字社間の相互プロジェクト第一号である。ただし、契約で取り決められた形のこの共同作業が大掛かりに実行されたのは、一九九四年以後のルワンダと旧ユーゴスラビアが最初である。

赤十字国際委員会の傘下で海外活動を発展させる機会をもっとも活発に活用したのはスウェーデン赤十字社で、そのすぐ後にドイツとイギリスの赤十字社が続いている。そして、さらに一一の各国赤十字社が赤十字国際委員会との明白に定義された申し合わせによって外国で活動している。

このように個々の共同作業は改善されてきてはいるものの、各赤十字社の間にはやはりいざこざが絶えず、ある意味ではこの運動の首脳部ともいえる常置委員会までもがついに立場を表明せざるを得なくなった。この委員会は、各国赤十字社から五人、そして赤十字国際委員会と連盟からそれぞれ二人が代表して成り立っており、コルネリオ・ソマルガ（一九八七年から一九九七年まで）と一九八七年から一九九七年まで連盟の会長を務めたヴェネズエラ人のマリオ・ヴィジャロエルの両元最高責任者もメンバーになっている。常置委員会の任務には運動内の争いや意見の相違を仲裁することも含まれているが、これは赤十字国際委員会と連盟の間の葛藤がそれぞれの長に具現化されていただけに、よりいっそう難しい行為となった。

ラテン系気質のこの両者は激しい争いを繰り返すばかりで、社交辞令などはもう見る影もなかった。ソマルガの方は、一九九三年以降、ドイツ赤十字社の社長でもある常置委員会会長のザユン・ヴィットゲンシュタイン・ホーヘンシュタイン伯爵領のボト公(15)の支援を受けることができた。しかし、これは常置委員会の中だけにとどまらず、赤十字国際委員会と国際活動を行っている各国赤十字社および連盟の間で定期的に開かれる非公式の会合でも意見が激しく分かれた。ジュネーヴでは、年に二度、管理職レベルで活動作戦について論議されていたが、その一方で運動内の「政治家」たちも赤十字国際委員会の主導で初めてノイエンブルク湖畔の小さな町イヴェルドンに集まって意見交換を行った。ソマルガが誇らしげに言う。

「委員長を務めていたころ、私はおよそ八〇ヶ国の赤十字社を訪問しました。なぜなら、連盟の執行委員になっているそれらの社長を話し合いの席に着かせたかったのです」

(15)（一九二七～）ドイツ赤十字社の名誉会長。一九六五年から一九八〇年までドイツ連邦議会議員、一九八二年から一九九四年までドイツ赤十字社社長、一九九四年から一九九五年まで赤十字・赤新月社常置委員会会長を務める。

各国赤十字社を味方につけようとして繰り広げられたヴィジャロエルとソマルガの闘いの中では、いわゆるこのイヴェルドン会合も重要な役割を演じている。

「この会議は、一九九三年にスイスのヴァート州にある小さな町シャヴァン・ド・ボギスで行われたのですが、この会議のドラマチックだったことといったらありませんでしたね。赤十字運動は戦場でものすごい挑戦を行っているというのに、私たちときたら内部のもめごとに対してエネルギーの無駄遣いをしていたのですよ。当時私は、私にもっとも近い職員にも知らせないまま、異例に手厳しいステートメントを発表しました。赤十字国際委員会を含むすべての組織を批判し、私たちはアンリ・デュナンの遺産をまさに失わんとしているところだと言ったのです。ヴィジャロエルと各国赤十字社の社長の数人は、怒りもあらわに私の演説をはねつけました。しかし、これほど激烈な言葉を使ったことは間違いではありませんでした。それは、共同の委員会が行う仕事に現れてきました。そこには、また徐々に建設的な精神が入り込んできたのです」と、当時を振り返ってソマルガが言う。

一九九五年三月三一日付けの一二ページにわたる原則書の中で、赤十字国際委員会は最終的な反撃に出た。その中で委員会は、自分たちに指導権があることを確認してはいるものの、国際活動を行っている各国赤十字社に対して初めてそれぞれが得意とする方面で紛争地域における活動を発展させていってよいと約束した。だが、運動が突き進んでいく方向はただ一つの目標に従うべきとされた。そうしないと、人道的な援助を必要とする地域が強力に広がっているため、より早く、より能率的に反応することができないのである。

この戦略の書は、赤十字一族に対する赤十字国際委員会の告白のようにも読める。その一族は何十年にもわたってなおざりにされ続け、また委員会の能率性と経験ばかりを重視するために、それらのメンバーは人材が豊かになったと歓迎されるよりむしろ闖入者だと受け止められていたのである。

PNSに対するこのような譲歩と同じくらい大切だったことに、ある行動プランの告知が挙げられる。その枠内で、赤十字国際委員会は弱体赤十字団体の発展にもっと力を入れようと計画していた。それらの団体は、自分の領地内で軍事紛争が起こっている赤十字団体のONSとほぼ同一である。各国赤十字・赤新月社にもっと紛争に対する準備をさせたいという意図だけを見てみても、それは連盟に対するほとんどあからさまともとれる侮辱であった。なぜなら、連盟は実際に各国赤十字・赤新月社の発展に対して責任をもってはいるものの、それに投入できる資金は赤十字国際委員会がもつ財力のほんの一部にすぎなかったのだから。

この原則書がまとめられたことにより、赤十字国際委員会の内部では「提携」の拡充に力を入れていた勢力が、何年間にもわたって「この機関の魂を売り渡した」と批判されていたにもかかわらず意思を貫き通したかのように見えた。だが、赤十字国際委員会の保守派と近代化派との葛藤は今日に至るまで続けられており、そのため一九九五年の原則書に定められている要求は遅々として実行に移されないままである。

近代化派が「もういいかげんに赤十字国際委員会と各国赤十字社間で管理構造や人材政策をシンクロナイズさせなければ」と迫る一方で、純粋な体系を支持する人々はまだまだ単独行動をしたがっている。ジュネーヴの本部だけではなく、赤十字国際委員会は、戦地でもまた明らかに公式採択された方向へ首尾一貫して進むことに苦労しているようである。「提携」をある程度自由裁量に任されている派遣団長たちは、まだその大多数が古い思考パターンに支配されている。すなわち、赤十字国際委員会のハイスタンダードを満足させることができないであろう赤十字パートナーに対する不信感といんぎん無礼さを拭い切れないでいるのである。

セヴィリアでのニュースタート——コソヴォでの厳しいテスト

それでも一九九五年三月の赤十字国際委員会の原則書は、一九九七年一一月の代表者会議で決議されたセヴィリア合意への道均しの役割を果たすこととなった。「Agreement on the Organization of the International Activities of the Components of the International Red Cross and Red Crescent Movement」(国際赤十字・赤新月運動の構成団体による国際活動組織に関する合意)、これが執拗な交渉の末に仕上がった、一七ページにわたる申し合わせのエレガントなタイトルである。ここでは、勢力を一つに束ねること(synergetic cooperation)と、相違を利用すること

(capitalizing on their diversity) がテーマとなっている。

何十年も続いてきた敵愾心《てきがいしん》を考えると、相互信頼という精神 (spirit of mutual trust) を汲んでいちどきに共同作業を始めなければならないとするのはほとんど無謀にも思える。赤十字パートナーの権限を明らかにし、作業の分担を取り決めることが目的だった一九五一年、一九六九年、そして一九八九年に結ばれているこれまでの申し合わせに対して、セヴィリア合意では新しく二つの管理原則が定義された。誰がどんな場合に「指導的役割」(lead role) を引き受け、また誰が「指導的世話役」(lead agency) となるかについてである。

国際的な紛争の場合には、すべての構成団体は指導的世話役である赤十字国際委員会の指示に従わなければならない。一方で、特定の任務領域における指導的役割を委ねるのは赤十字国際委員会の裁量に任されている。それでも連盟にしてみれば、セヴィリアはヴィジャロエルおよびウェバー時代の終幕を意味していた。ウェバー事務総長、この仕事熱心なカナダ人マネージャーは、連盟を赤十字の国際的な併置組織に拡大するプロジェクトに失敗したのである。

この新しい精神の真価を試す厳しいテストは、コソヴォ戦争で行われることになった。一九九九年二月末、フランスのランブイエで行われたユーゴスラヴィアの中央政権とアルバニア・コソヴォ解放軍（ＵＣＫ）[16] との間の交渉が決裂すると、状況はエスカレートした。セルビアの警察や

---

(16) 一九九〇年半ばにコソヴォ独立運動家たちによって結成され、セルビアに対する地下活動が開始された。現在は、武装解除が行われて政党へ姿を変えている。

準軍事力、民兵軍がコソヴォに住むアルバニア人を組織的に国外へ追い出し始め、それに対抗して今度はNATOがコソヴォやベルグラードなど、ユーゴスラヴィア国民の中心地域にあるセルビアの標的を激しく攻撃した。三月二五日には初めて爆弾が落とされ、三月三〇日、赤十字国際委員会と連盟は統一された赤十字行動に対する資金調達を共同で呼びかけた。ジュネーヴではこの二つの国際赤十字がタスクフォース（特殊任務部隊）を結成し、この先の行動を調整した。

すでにランブイエ交渉以前、赤十字国際委員会のベルグラード派遣団はコソヴォでの活動に関心をもっているすべての各国赤十字社と連盟を招待しており、その会合には連盟のほか、国際活動を行っている一一の各国赤十字社が参加した。ところが、次々と事件が発生したために、準備していたものはすべて時機遅れとなってしまった。

一九九一年のバクダッドで赤十字国際委員会の派遣員が連合軍の爆撃に耐えていたときとは異なり、当時、州都プリシュティナに駐在していた派遣団は安全上の理由から閉鎖せざるを得なくなり、赤十字国際委員会が再びコソヴォに戻ることができたのはソマルガ委員長とスロボダン・ミロシェヴィッチ(17)が会見を行った後の五月二〇日になってからのことだった。

その間、赤十字国際委員会は戦闘地域の「指導的世話役」としてセルビアで緊急救助に携わっていた。それは、ユーゴスラヴィア連邦共和国赤十字社との大っぴらな共同作業でもあった。だが当時、政治的にもっと微妙だったのはコソヴォ人難民の救助だった。航空戦が始まって以来、何十万にも上る避難民が隣国のアルバニアやマケドニアに逃れていた。セヴィリア合意によると、

「指導的世話役」としてこれらの難民の救援を担当するのは連盟だった。NATOは何よりも迫害されているコソヴォ・アルバニア人を救援するための人道的活動としてこの戦争を合法化していたため、いまや難民を効率よく即座に援助しなければならないという、連盟や各国赤十字社にかかるプレッシャーもそれ相当に大きくなっていた。

実際にはこれは、NATOの兵士がまず難民収容所を建設し、その後、この巨大なテントの町の運営をそれぞれの各国赤十字社が引き受けるということを意味した。その際、この難民収容所がUCKの後方基地や戦闘員のリクルート場所に悪用されるのを防ぎ切れないことは明らかだった。

人道的援助の政治問題化、つまり人道と軍事の混合は不名誉なクライマックスに達した。赤十字活動の中立は深刻な危機に陥った。一般的に、コソヴォ危機では紛争が起こった場合、各国赤十字社は自主的に、あるいは自国の政府や場合によっては軍から委託されることすらあったため、多かれ少なかれ公然と行動する傾向にあった。ほかの収容所の難民が粗食で我慢しなければならなかったときに、イタリア赤十字社は「彼らの」難民のために毎日新鮮な野菜や果物をイタリアから航空便で取り寄せていた。

---

(17)（一九四一〜）元ユーゴスラヴィア大統領。共産主義のセルビア人。旧ユーゴ圏で発生した戦争犯罪の責任を問われ、現在、国連戦争犯罪法廷で公判中。

このような逸話は、ここではどうでもよい話に聞こえるかもしれない。だが、このエピソードこそ、赤十字国際委員会と連盟にとってこのような赤十字の行動を連関した統一性のあるものに保つということがいかに難しかったか、さらには、何からまず手をつけるかという優先順位を正しく決めるように手配することがどれほど困難だったかということをずばり説明している。

休戦となり、六月一〇日に連合軍からコソヴォの国際安全保障部隊（KFOR）[18]がプリシュティナにやって来ると、赤十字活動もまた新しい局面を迎えることになる。セルビア人の撤退はまだ平安のうちに進んだが、その後は想像もできないカオスが待っていた。幹線道路はどこもKFORの軍用車両やトラクター、運搬用車両、そして帰還難民の車ですっかりふさがり、さらに非政府組織や全欧安保協力機構（OSCE）[19]、PNSの車両がそれに加わった。もはや、収拾のつかない混乱ぶりだった。

プリシュティナの赤十字国際委員会派遣団は、各国の姉妹団体にブレーキをかけてまずは兵站業務をある程度しっかり築こうとしたが、それも無駄だった。誰もがこの瞬間を利用しようとし、難民とともに帰還しようとし、評価査定もまだほとんどされていない建設プロジェクトにすぐにも取り掛かろうとした。需要を中央で分析して、優先順位を決め、各国赤十字社に個々のプロジェクトを提案してそれを実現してもらおうという赤十字国際委員会の意図は失敗に終わった。

結局、どの赤十字社も自分たちでアレンジをした。赤十字国際委員会の基準に全員が従ったのは安全問題と無線連絡に関する事柄についてだけであり、個々の建設プロジェクトを調節して互いに連結させるのに成功したのはしばらく時間が経ってからのことだった。

赤十字国際委員会のヨーロッパ部長であるアンジェロ・グネディンガーは、コソヴォにおける赤十字活動を統率するための赤十字国際委員会と連盟の共同の委員会である統合運営グループのメンバーだった。

「私たちは初日から、制限された土地領域で行われる運動全体の共同作業がどんな問題を引き起こすかを承知していました。非常に異なった組織がうまくかみ合いながら作業をしなければならないときに、必要不可欠となる管理手段や管理システムが欠けていたのです。六月に、ひっきりなしに現れる問題の分析をアーサー・アンダーセン(20)に委託したのはそのためだったのです」

そして、彼は意地悪く言い添えた。

「私たちが最初から分かっていたことは、いま、白い紙の上に黒い文字ではっきりと、それに色

---

(18)　Kosovo Force。コソヴォの国際安全保障部隊。一九九九年、国連安保理決議に基づき、NATO軍を主体に結成された多国籍軍。

(19)　全欧安保協力機構。全欧安保協力会議（CSCE）から発展し、共通の安全保障空間の創造を目的とする。現在は、アメリカ、カナダ、東西ヨーロッパの諸国および旧ソ連諸国の全五五ヶ国が加盟している。

(20)　アメリカの会計事務所。世界のビッグ5の一つに数えられる。

までつけて記録されていますよ」

内部批判者に対するあてこすりである。「提携」を拡充しているときに、彼らがとくに指摘していたのは赤十字国際委員会にとって不利となる点についてだった。委員会内の保守勢力は、各国赤十字社に対してすべてを透明にしておくべきだとは考えていなかった。なぜなら、それは政治的にあまり信頼がおけるものではないと思われていたからである。個々の各国赤十字社がかなりあからさまな国の外交および開発政策の手段となっていることは、ちょうどこのコソヴォ紛争が再度証明することとなった。この問題に関しては、グネディンガーも完全に認めている。

「自己の軍隊の救助活動として医療制度を組織するのは、デュナンの時代以来、各国赤十字社の任務になっています。しかし、それだけにとどまらずに、各国赤十字社がいってみれば自己の軍隊を風除けにして大がかりな人道活動を発展させると問題です。そうなると、赤十字活動がもつ中立と不偏不党という信用を落としてしまうのです」

しかし、「提携」に本当に取って代われるものは、グネディンガーには思い当たらない。

「それは赤十字国際委員会の単独行動を意味することになるでしょうが、私たちが各国赤十字社に背を向ければ、遅かれ早かれ、いずれ委員会は価値を失ってしまうでしょうね」

もっとはっきりと言うのは、赤十字国際委員会のコミュニケーション部長のイヴ・ダコールである。

「いろいろある赤十字を世間が区別しないという事実だけでも、私たちの独立性は毎日脅かされているのですよ。私は、この独立性を云々する論議はもはや古臭いと思っています。正直になるなら、私たちは今日独立はしておらず、またこれまでも独立はしていなかったというべきでしょう。それよりも、個々の構成団体のコントロールがきかなくなって運動全体に害を与えるというような出来事を防ぐためには、どのようにして、この運動内で拘束力のある規範をつくればよいかという問題の方がもっと大事なのです」

これは、「提携」と直接かかわっている赤十字国際委員会の関係者全員が頭を悩ませている問題である。自分たちの利害関係を運動の利益よりも優先させて委員会を出し抜こうとしている各国赤十字社に対する制裁処置というものは運動の規約には定められておらず、赤十字国際委員会内でも規律を守らせるための有用な手段とは見なされていない。残るは執拗な説得活動であり、委員会の先を行こうとする赤十字家族に対して、彼らの単独行動は最終的に彼ら自身の損になるだけだということを分からせるしかない。

一七六社ある各国赤十字社および赤新月社のうち、定期的に国際的な活動を行っているのは俗に「G24」と呼ばれているグループに統括される団体だけである。それらの団体を羅列すると、オーストラリア、ベルギー、デンマーク、ドイツ、フィンランド、フランス、ギリシャ、イギリス、アイスランド、アイルランド、イタリア、日本、カナダ、韓国、ルクセンブルク、ニュージーランド、オランダ、ノルウェー、オーストリア、ポルトガル、スウェーデン、スイス、スペイン、そしてアメリカの各国赤十字社である。これら二四のPNSのすべてが彼らの共通の事務局である連盟に等しく関与しているわけではなく、またすべての団体が連関した赤十字運動に対してその重要性を等しく認めているわけでもない。

たとえば、スペインとイタリアの赤十字社は、赤十字国際委員会ではあまり信頼のおけるパートナーではないとされているし、その逆がスカンジナビアで、赤十字国際委員会はこれらの国々と数十年前から密接な関係を保っている。経済面で国際的にもっとも大きく関与しているドイツ、アメリカ、イギリスの赤十字社のうち、赤十字国際委員会に（失礼な言い方かもしれないが）定期的に不快な問題を提起する、自負をもった模範生はといえばイギリス赤十字社である。

多くの寄付者とは異なり、イギリスは長期的な戦略にのっとりながら目標に向かって仕事を進め、さらには彼らが直接かかわっている利害関係を一時中断する準備もある。コソヴォ戦争では、イギリス赤十字社はもめごとから巧みに身を引いた。空中から爆弾を落としておきながら地上で人道援助を行うことがいかに難しいことかをよくわきまえていたので、むしろ直接紛争の中には姿を現さないようにしたのである。だがそれでも、寄付者に対してこの統一された赤十字行動をさもイギリス自体の活動であるかのように売り込み、その分より深く心にかけてもらうことに成功していた。赤十字国際委員会や連盟との申し合わせによるこのようなキャンペーンで得たお金は、その後ジュネーヴに転送されている。

政府機関であるイギリス国際開発省（Department for International Development、DFID）と密接な共同作業を行っているイギリス赤十字社のように、ドイツ赤十字社も人道的援助を担当する、いわゆる作業幹部を通じて外務省と直接コンタクトをとっている。だが、連邦政府とのあまりにも直接的な従属関係がジュネーヴで批判されることはない。ドイツ赤十字社には連邦政府が必要だと判断した場所へ行く準備は常にあるものの、それが実行に移されるのは赤十字国際委員会と取り決められたときだけである。コソヴォの具体例では、赤十字国際委員会が干渉したことから、シャーピング防衛大臣がドイツ赤十字社に行ってもらいたいとしていたある任務を断念している。戦場や運動の委員会の中で活動する姿勢にも、イギリス赤十字社と同様、深い自覚が感じられる。国際活動を行っているほとんどの各国赤十字社のように、ドイツ赤十字社も国家政策で動向の重点が置かれている所へと自分たちの戦略的優先順位をもってきている。

赤十字国際委員会がこれとは別の目で見ているのが、特定のONSの独立性についてである。赤十字社あるいは赤新月社が、不偏不党や中立といった原則をあまり守らない独裁政権の言いなりになっていることは稀ではない。分析や戦略まで交換されるような透明な共同作業をこのような姉妹団体と行うことは困難であり、ときにはまったく不可能でもある。だが、赤十字国際委員会は、武力紛争の危険性がほかのどこよりも大きい国々でこそしっかりと根づいたパートナーを強く求めるべきである。ヤコブ・ケレンベルガー委員長の個人的なアドバイザーを務めるピエール・クレーヘンビュールが言う。

「特定の赤十字団体の状況について幻想を抱いているわけではありませんが、私たちはこれまでそのような団体と話し合いの場をもつための努力をあまりしてきませんでした。独立というのは、カレンダーに記されているだけの無意味な格言ではありません。独立とは、常に手段を問う問題でもあるのです」

分かりやすく言えば、「提携」がもっとも難しそうに見える所がそれをもっとも必要としている場所であり、ゆえに万一の場合には犠牲もいとわないということである。

新しい標章の必要性

一九九〇年代前半に赤十字運動に負担をかけていた激しい内部紛争が終わり、赤十字国際委員会は、今日、連盟とも国際活動を行っている各国赤十字社とも非常に良好な関係を保っている。ただし、一つの例外がある。アメリカ赤十字社である。一九九九年九月一日、エリザベス・ドールに代わってバーナーディン・ヒーリーが社長に就任して以来、赤十字国際委員会とアメリカ赤十字社の関係はずっと思わしくない。

社長の席に着くや否や共和党員の彼女は、一九四九年以来未解決のまま運動に付き添ってきた一件、イスラエル国家団体の未承認問題に着手した。イスラエルは赤ダヴィデの星（Magen David Adom：MDA）というジュネーヴ協定で定められていないユダヤ教のシンボルを標章にしているため、今日に至るまで運動のメンバーとして承認されていない。常置委員会のワークグループが一九九六年から赤ダヴィデの星を赤十字・赤新月一族に迎え入れる妥協案を練っているが、このような極端に政治化された一件ではなかなか合意に達し切れないでいる。

バーナーディン・ヒーリーはこれに業を煮やし、一九九九年一〇月、ジュネーヴで開かれた運動の国際会議で攻勢に打ってでた。イスラエルの団体を運動に加えるという彼女の提議はチャンスがまったくないままに終わったが、それでもいくらかの波紋を広げることになった。赤十字国際委員会委員長のヤコブ・ケレンベルガーと国際法およびコミュニケーション部長のフランソワ・ブニオンとの会合において、ヒーリーはこの問題を早く解決すること、そうでなければ運動をせき立て、プレッシャーをかける手段も十分に用意していることをはっきりと伝えた。これがただの脅しでなかったことを、赤十字国際委員会も連盟もまもなく痛感させられることになる。

二〇〇〇年二月、アメリカ赤十字社は連盟に対して、管理費として同社が定期的に支払っていた総額二〇〇〇万スイスフランのうち五〇〇〇万スイスフランに関して、これ以降は支払わないと伝えた。そして、赤ダヴィデの星に対して公平を求める大きな広告が〈ニューヨーク・タイムズ〉に載せられたかと思うと、その一ヶ月後には〈ワシントン・ポスト〉の社説に、赤十字国際委員会はいまだに第二次世界大戦中の反ユダヤ主義的な考え方をしているという非難が掲載された。

これは、赤十字国際委員会を非常に困惑させた。それというのも、アメリカ政府は赤十字国際委員会にとってもっとも重要な寄付者であるばかりでなく、アメリカ赤十字社の「統治委員会(governing board)」においても前々から強い影響力をもっていたからである。防衛大臣と外務大臣、そしてもう一人の大臣が職業上首脳部に座っており、アメリカ赤十字社の名誉会長ともなるとアメリカ大統領とまったく引けを取らないくらいだった。それに、アメリカ政府は一九九九年には二億二八〇万スイスフランを支払っており、赤十字国際委員会の総支出額八億六二四〇万スイスフランの二三・五パーセント以上を占めていた。

赤十字国際委員会は、今日に至るまでアメリカ赤十字社の本心を突き止められないでいる。ある幹部メンバーは、アメリカ赤十字社にとって問題だったのは、実は赤ダヴィデの星の承認ではなかったのではないかと推測している。現在のアメリカ赤十字社の指導部は、赤十字国際委員会やスイス、そしてなかなかきっかけをつかめないでいる透明な組織への移行、反ユダヤ主義など、これらすべてを融合して赤十字国際委員会に批判的な雰囲気をつくるためにこのテーマを利用したにすぎないというのである。つまり、アメリカ赤十字社が自社のもつ国際的な潜勢力に気づくと、この新しい指導部は、人道世界における指導的役割を赤十字国際委員会からもぎ取ってやろうと思ったのだろう、と。

ヒーリー女史および全員が赤十字運動とは無縁の私経済[21]出身であるマネージャーたちにとっては、自国の政府が多額のお金をジュネーヴへ送っていることは明らかに目の上のたんこぶであり、彼女はその譲与を自分自身の手でコントロールできるように議員に働きかけている。ヒーリー女史率いるアメリカ赤十字社が赤十字国際委員会へのアメリカ政府分担金の決定権を握るようになれば、これが赤十字国際委員会にとって真の脅威となることは間違いない。しかし、少なくともクリントンの行政機関は、在職期間の最後の数ヶ月間、共和党の赤十字社社長の向こう見ずなコースから慎重に遠ざかり、例年の分担金を即座に支払って赤十字国際委員会を安心させている。

赤十字国際委員会への政府分担金譲与に関与している赤十字団体はほかにもまだある。たとえばノルウェーの場合、赤十字国際委員会とノルウェー赤十字社はオスロの政府にいくら支払ってもらうかを話し合っている（一九九九年の分担金は二二四〇万スイスフラン）し、デンマーク赤十字社の首脳部代表が政府分担金（一九九九年の分担金は一三二〇万スイスフラン）の譲与について口をはさむことなしには、赤十字国際委員会がデンマークの外務大臣と会見することもない。

アメリカ赤十字社は総支出額が三一億七〇〇〇万スイスフランにも上る戦闘力のある組織だが、

---

(21)　各個人または会社その他の企業などの営む経済。

国際活動とはいかに資金調達が簡単で、いかにイメージづくりに格好かということを発見して以来、海外出費はすでに何倍にも増やされている。コソヴォでの活動の際には軽く四〇〇〇万ドルを集めているが、これはほかの各国赤十字社や赤十字国際委員会には夢のような金額である。アメリカ赤十字社は、「赤十字」というブランドが世界中で抜群に普及している事実をうまく利用するその方法を運動内のどこよりもよく心得ている。それだけに、こともあろうにこのアメリカ赤十字社が新しいもう一つの標章を運動に取り入れようとする動きを後押ししたことは一見矛盾しているように思える。

この件に関してあまり知られていないのは、赤十字および赤新月の標章に関する権利は赤十字国際委員会でも運動のほかの構成団体でもなく、国家に属しているという事実である。どの標章がどのように使用されるべきかということは、ジュネーヴ協定に明記されている。そして、いかなる宗教的意味合いにもかかわりがなく、世界中で中立と見なされる新しい保護マークを導入する場合は、ジュネーヴ協定の追加議定書の中で定められなければならない。そのような第三番目の追加議定書を議決するため、二〇〇〇年一〇月、国家共同体の代表がジュネーヴの外交会議に集まるはずだった。だが、中東で政治的な出来事が起こったために、この会議は招集前にすでに頓挫してしまった。イスラエル軍とパレスティナ市民の間の血なまぐさい対決を目の当たりにして、アラブ諸国は赤ダヴィデの星を承認するためのプロセスを支援しようとはしなくなったのである。

　赤十字国際委員会は外交面でさまざまな努力をしていたが、その目的は外交会議に引き続いて第二八回国際会議をジュネーヴで開くことにあった。その会議では、イスラエルとカザフスタン、エリトリアの各団体が完全なメンバーとして運動に加入することになっていた。どの団体も、自

付　録

第3議定書の標章
(議定書の第2条、第2項、および第3条、第1項)

第1条——別のマーク

第2条——第3議定書の標章使用例

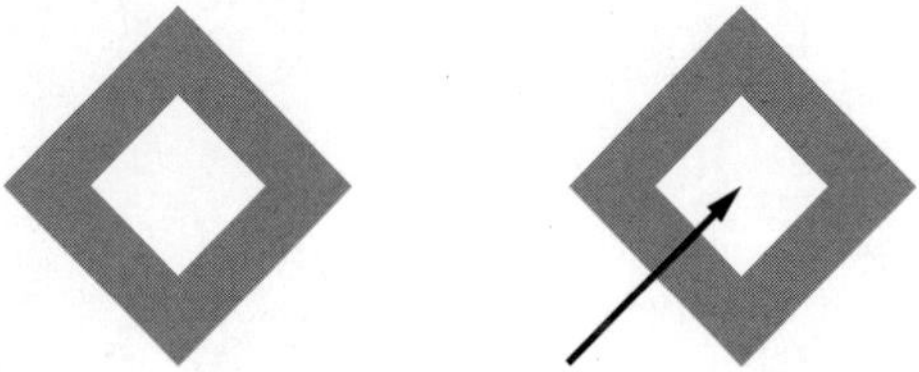

第3条による並列表示

分たちがこれまで使ってきた標章を平和時の目印としてこれからも使ってよいことになるはずだった。戦時には、十字と新月、またはダヴィデの星が宗教的な理由から不偏不党ではないと解釈されうる所では新しい保護標章を使用することとされた。それでもイスラエルは、赤ダヴィデの星を新しい標章に付け加えることができたし、同様にキリスト教徒とイスラム教徒の国民をもつエリトリアとカザフスタンも、十字と新月を隣り合わせに並べ、新しい標章において囲んで使用できるようになるはずだった。

未来――受け入れられることとそばにいること

歩み寄りが期待される、追加標章についての妥協案が外交会議で支持され次第、赤十字国際委員会も特定の紛争では自分たちの車両や病院に新しい保護マークを使用することになるだろう。それと同時に、赤十字国際委員会は新しいマークを紛争当事者や犠牲者、視聴者の間に浸透させるための大掛かりなインフォメーション・キャンペーンも計画している。だが、目印として、そして世界中に根づいているブランドとしては、やはり赤十字という標章が文句なしに一番である。新しい保護標章を承認することに赤十字国際委員会が関心を示しているのは、自身のロゴに使われている十字が繰り返し宗教的狂信者の標的になっており、それゆえにこのマークが安全を脅かす要因となってしまったからである。超宗派的なあらゆる原則にもかかわらず、戦場での赤十字国際委員会は裕福なヨーロッパからやって来た白人のキリスト教組織と見なされているが、これはまた事実その通りでもある。ピエール・クレーヘンビュールは、この問題性をよく承知している。

「私たちはよく、自分たちは絶対に人道的援助に頼らなくてはならないような状況には陥らないといった態度をとりますが、戦争犠牲者を扱うときには、自分たちが困窮に陥ったらこんな風にして欲しいと思うように対処することがとても重要なのです。そういう意味では、私たちのロゴに書かれているジュネーヴ（Geneve あるいは Geneva）という言葉にこだわるのは問題だし、もはや古臭いと思います。この言葉には距離が感じられるのです。今日の赤十字国際委員会は至る所に故郷があり、また同時にどこにもないというような遊牧民的な機関でなければなりません。デュナンの理念は普遍であり、ゆえにそれは自分のものでもあるということをみんなが感じられなければならないのです」

クレーヘンビュールと同じように、イヴ・ダコールもまた赤十字国際委員会幹部では新しい若い世代に属している。彼らは、赤十字国際委員会や運動の未来について考えるときにタブーというものを無視する。ダコールは、人道的作業においては、安全面に関する考慮がより決定的な役割を果たすようになってくると確信している。

「転機になったのは、一九九六年一二月にチェチェンのノヴィ・アタギ（首都グロズヌイの南方）で起こった赤十字国際委員会のメンバー六人の非情な殺人です。ジュネーヴの赤十字メンバーがもう直接作業できない紛争、そんな紛争が存在するということを決定的に理解させられたのです。ただ危険すぎるからというだけで、ですよ。そして、そのような紛争はこれからもまだ増え続けると思われます。ですから、いま優先しなければならないことは、当該の各国赤十字社、つまりONSを紛争に備えさせること、そして私たちの仕事を現地で実行できるようにそのメンバーを教育することです。これからは、現地に根づいている赤十字活動者たちをもっと重要視していかなければなりません。救援者が紛争両派や犠牲者から受け入れられているということがますます重要になってくるはずですからね。世界に張り巡らされている赤十字団体のネットワークはいまはまだ大変不均質ですが、二〇年後にはどこも同じクオリティースタンダードをもっているることが私たちの一番の強みとなっているはずです。赤十字国際委員会の派遣員が救援に当たっていようが、隣国の赤十字社の救援隊員が助けていようが、そんなことは戦争犠牲者してみれば大した違いではないのですよ。大切なのはただ一つ、赤十字の職員が至る所で常にすぐそばにいるということなのです」

赤十字国際委員会はこの先もまだ国際的な赤十字活動を調整してはいくが、いずれ犠牲者にとっても寄付者にとっても、もはや一つに統一された赤十字（たとえば、コソヴォの赤十字［The Red Cross］）が存在するのみとなる。赤十字国際委員会の中の伝統派にとってはこのような想像はとても耐えられるものではなく、独自性の安売りでしかない。彼らは、もはやぼんやりとした輪郭しかないだけの赤十字にそもそも刑務所を訪問することが許されるのか、一般市民を守る効果的な保護対策を立てることができるのか、と疑問に思っているのである。そのため、ほかの赤十字構成団体との密接な共同作業に使用される定評ある作業方法「confidentialité（親密）」の中の一部の任務は、いまもまだ赤十字国際委員会の中で議論されているテーマである。

しかし、よく考えてみれば、赤十字国際委員会には「提携」以外にとる道はない。PNSはこれからも政治的、経済的に健全な基盤を確保するために赤十字国際委員会を必要としているし、赤十字の方もONSなくしては、安全上の理由でほかのどの人道的援助も受けられないでいる戦争犠牲者の所へとたどり着くことはできないのである。

そして今日、赤十字国際委員会は能力のある職員のリクルートに際し、これまで以上に南北の各国赤十字社に頼らなくてはならなくなっている。十分な知識をもち合わせ、意欲に燃えた人材を現状に満足しきっているスイスで見つけるのはますます困難になってきているため、この数年の間で、中立はスイスのパスポートとは関係がないという認識が赤十字国際委員会に浸透してきている。赤十字国際委員会本部の職員七八〇人のうち三分の一以上はスイス人ではないし、戦場に出てみれば、そこで働いている九〇〇人のうちなんと四〇パーセント以上がスイスのパスポートを所有していない（数字は一九九九年末のもの）。だが、赤十字国際委員会の人材の国際化をどのように行うかということについては、委員会のメンバーが全員集まる会議であるアセンブレー（Assemblee）で激しく論争されている。

一九九二年一二月のアセンブレーでスイス人以外でも赤十字国際委員会の派遣員になれることを決定して以来、指導幹部は二年ごとに外国人職員の採用について報告をしなければならないことになっている。これはデリケートな一件である。つまりは、優秀な派遣員が、スイス国籍でないというだけでマネジメントの幹部ポストへの参入をいつまで拒まれうるのかという問題に等しいのだから。たとえば、スウェーデン人であっても赤十字国際委員会の経営幹部になれるのか、このような問題を赤十字国際委員会はこれまで避けて通ってきた。その結果、赤十字国際委員会のそのようなキーポジションは相変わらずスイス人ですべて占められている。

いまではもうすっかり論題から外れているのが、赤十字国際委員会の名称となり、その管理委員会としての機能を果たしている内部委員会の単一国籍についてである。この機関の将来について調査した雄大な構想の内部研究である「赤十字国際委員会の未来（Avenir du CICR）」の枠内では、「当委員会は、スイス人以外にも門戸を開くべきか」ということに触れる外部コンサルタントまでもが駆り出されているが、その結果は明らかだった。そのような開放は、赤十字国際委員会の最大の長所、つまり不偏不党であるがゆえに敏速に決定到達できるという長所を奪ってしまうというのである。

この内部委員会が多国籍になったら、国連のように個々の国や大陸から平等に代表を出すように求める声が必ず上がるに違いない。同様に、特定の紛争に対して不偏不党な立場で決定を下すのが難しくなる委員会メンバーも現れるはずである。赤十字国際委員会幹部の多国籍化が遅々として進まないことに各国赤十字社が不満を抱いている一方で、委員会の「Swissness（スイス性）」に対しては一般的に理解が示されている。イギリス赤十字社国際部長のディヴィッド・アリグサンダーが言う。

「単一国籍が保持されている様子から、私はイギリスの君主制を連想します。少し風変わりでエキセントリックですが、私としてはこれが一番いいと思っています。これほど重要な組織が排他的にスイスのキャラクターのみを抱えているというのは情況にマッチしていませんが、ほかに何か別の方法を思いついたとしても、それについてよく考えてみると結局これに勝るものは一つも見つからないのです」

国際赤十字・赤新月運動は、以下の三つの構成団体から成り立つ。

❶ジュネーヴに本部を置く赤十字国際委員会は運動の創唱者である。国家共同体から国際人道法の遵守を監視し、これを広め、さらに発展させることを委託されている。赤十字国際委員会は独立した不偏不党、中立の組織として国際紛争の中で活動している。その中心的任務には、一般市民の保護や戦時捕虜の訪問、行方不明者の捜索が含まれる。

❷国際赤十字・赤新月社連盟は、一九一九年に（当時は一九九一年まで使用されていた連

合という名前で）設立された。本部は同じくジュネーヴにあり、合計一七六社に上る各国赤十字・赤新月社の常設事務局としての機能を果たしている。連盟は自然災害が起こったときの赤十字団体による国際援助を調整し、弱小加入団体の発展を支援する。

❸ほとんどの各国赤十字・赤新月社は、自国の公衆衛生業務や医療業務、社会福祉業務において重要な位置を占めている。財力のある各国赤十字社は国際部門をもち、そのため「参与国家団体（Participating National Societies：PNS）」と呼ばれる。連盟および赤十字国際委員会による調整や申し合わせのもと、これらの団体は自然災害が起こった土地や紛争地域で国際的な活動を行う。「作業国家団体（Operating National Societies：ONS）」と呼ばれるのは、国家領域内で自然災害が発生したり、武装紛争が起こったりしている赤十字団体である。

世界中に広がるこの運動は、運動の規約の中に定められている赤十字の七つの基本原則（人道、公平、中立、独立、奉仕、単一、世界性）と二年ごとに開かれる代表者会議、そしてジュネーヴ協定署名国の外交代表員も出席し、四年ごとに開かれる赤十字・赤新月運動の国際会議によって統括されている。

運動のトップに立つ組織は常置委員会で、九人のメンバーから成っている。赤十字国際委員会と連盟からそれぞれの元委員長および元会長を含む二人ずつと、各国赤十字社および赤新月社から五人が代表を務める。常置委員会は国際会議を準備し、その決議が目的通りに実行されるように取り計らう。また、運動にかかわるさまざまな組織が調和の取れた共同作業をし、自分たちの活動をこの目的のために調整するようにもっていく。

5 バンダルアンザリ―トリポリ―モガディシュ ある派遣員の回想録

ユルク・ビショフ
Jürg Bischoff

ユルク・ビショフ

赤十字国際委員会の派遣員として長年勤めたあと、現在はベディグリオーラ（スイス南部に位置するイタリア語圏のティチーノ地方）でジャーナリストおよび編集者として活動。

本章では、彼が派遣員時代に書き留めた日記などを元にして、三ヶ所における任務地での活動が報告されている。原文はドイツ語。

出典：

Jürg Bischoff, Bandar Anzali — Tripolis — Mogadischu. Erinnerungen eines Delegierten. Originalbeitrag

僕の記憶の番人ヴェルナーに捧げる

僕が赤十字国際委員会へ行こうと思い立ったのは、一九八二年六月のある朝だった。当時、僕は大学の助手をしながらフランス文学の博士論文に取りかかる準備をしていた。新聞の第一面はイスラエル軍のレバノン侵入を報じており、その後数ページめくったところに「赤十字国際委員会」の広告を見つけた。外国の戦地で任務に就いてくれる派遣員を募集するこの広告は、僕が第一面を読んだときにふと感じた疑問の答えを用意してくれていた。そして僕は、この先もまだ当分の間セミナーや図書館でただぼんやりと座り続けることは、魅力的でもなければひょっとしたら正しいことでもないのかもしれないと思ったのである。

その後、初仕事に向かう飛行機に乗るまでには半年近くもかかった。講習を受けて赤十字の主義について学び、経験豊かな派遣員の報告に耳を傾け、それから秘密保持という義務つきの雇用契約書にサインをした。

僕は、自分が型通りの任務に向かっていることを知っていた。型通りというのは、つまりイランで僕を待っている任務が、国際紛争における戦時捕虜の待遇について定められたジュネーヴ協定に基づいているということである。そこには、「戦時捕虜は、いつのときも人道性を伴う待遇を受けてしかるべき」とある。この具体的な意味は、一四三の条項と五つの補遺に詳しく述べられている。

イスラム共和国の客人

バンダルアンザリはカスピ海沿岸の町である。イランの海軍基地にイラクの戦時捕虜が収容されており、彼らは一九八二年一二月に赤十字国際委員会の派遣員によって登録されることになっていた。この登録は、戦時捕虜を保護するための基盤である。これによって彼らの存在が確認され、抑留している国家はもはや彼らの存在を否定できなくなるのである。それでも、突然、誰かがいなくなればその責任は拘禁している国家にはね返る。さらに、戦時捕虜はこの登録をすることで実家宛てにはがきを書いたり、自分が生きていることを家族に知らせたりする機会も得る。要するに、戦時捕虜一人ひとりに登録カードや家族への挨拶カードに記入させ、それらをもとに彼らがジュネーヴ協定のいう戦時捕虜であることを証明する身分証明書を発行することが僕たちの任務だった。

初めの五日間で、僕たちは六〇〇〇人の捕虜を登録した。六日目になって身分証明書の配布を始めようとしたとき、収容所に足を踏み入れた僕たちと対峙したのはデモンストレーションを行う一群だった。収容所の中庭に集まった捕虜たちは、旗やら横断幕やら、イランの政治的指導者あるいはイラクの野党イスラム派の政治家が写った大きな写真やらを振りかざしている。

「アメリカをやっつけろ！　ロシアをやっつけろ！　シオニズム(1)をやっつけろ！　サダムをやっ

つけろ！　西も東もくそ食らえ！　ホメイニが俺たちの指導者だ！　神は偉大なり！」

と叫ぶシュプレヒコールが、アラビア語と英語で渦巻く。彼らは請願書を準備しており、それはイランのイスラム革命指導者であるアヤトラ・ホメイニ[2]の肖像で始まり、何メートルにも及ぶ長い布に書かれている、と戦時捕虜側のスポークスマンが僕たちに伝えた。

この請願書は、イラクの独裁者サダム・フセインとの戦いの前線で、イスラムのために戦いたいというイラク戦時捕虜の希望を表明していた。それを証明するために、請願者たちは自分の血だという赤い色の指紋をそれぞれ押していた。そして、収容所にはテレビスタッフが一チーム、赤十字国際委員会の派遣員にこの請願書が手渡されるところを映像に収めるために来ていた。

しかし、僕たちは請願書の受託を拒否し、収容所の指揮官と話し合いたいと申し出た。そして指揮官に、赤十字の独立および中立が僕たちに請願書を受け取ることを許していないこと、請願書の内容が戦時捕虜の待遇に関する協定に反していること（戦時捕虜は、戦争区域の砲火にさらされるような地域へ連れていかれたり、そこに抑留されたりしてはならない）、テレビの存在もまた協定とは相容れないこと（さらに、戦時捕虜はいかなる場合も保護されること、とくに――

（1）　パレスティナにユダヤ人国家を建設しようとする運動。一九世紀末に興起し、一九四八年イスラエル国家を実現。シオン主義。

（2）　（一九〇二～一九八九）イランのシーア派の神学・法学の権威。国外に亡命、イラン革命中に帰国してイランの政治・宗教の最高指導者となる。

中略――公の好奇心から守られることとする）を説明した。
　指揮官は僕たちの説明に納得して、この先僕たちの作業が妨害されることはないはずだと太鼓判を押してくれた。事実、僕たちが戻ったとき、捕虜たちは軍隊のように整然として地べたに座っていた。彼らの前には机と椅子が置かれており、僕たちはそこへ腰掛けた。再び、僕たちに向かってイスラム革命のメッセージを伝えるシュプレヒコールが始まった。だが、それも数分後には次第に静まっていった。一人、また一人と捕虜が呼び出され、僕たちの机の前に立つとそれぞれの身分証明書を受け取った。

戦時捕虜のための国際中央機関。1914～1918年、ジュネーブのラーツ博物館に設置。フランス語部門のフランスおよびベルギーのカードファイル
（写真提供：赤十字国際委員会）

何百人という人間が、僕たちのそばを通り過ぎていった。僕は一人の顔も覚えていない。作業が中断されると、またシュプレヒコールが始まる。サダムという名の捕虜が呼び出されると、全員が「サダムをやっつけろ！」と叫ぶ。それはわめき声となり、嘲弄《ちょうろう》するような笑みやあからさまな笑いを浮かべた顔も数を増す。前へ出てくる男たちは手を振り、互いに肩を叩きあい、大声で言葉をかけ合う。デモンストレーションは、いつのまにかゲームに変わっていた。

証明書の分配は翌日も続いた。名前が読み上げられ、戦時捕虜が立ち上がり、前に置かれた僕たちの机へやって来て自分のカードを受け取ると、また自分の場所に座り直す。運命を分かち合う仲間の長い列を通り抜けながら、多くの捕虜は「アメリカをやっつけろ！」とか「サダムをやっつけろ！」と叫んでいる。証明書を受け取るときには、こぶしを振りかざし、目をギョロギョロさせて踊りながら前へ来る者もいれば、下を向いてほとんど聞き取れないほどの声で「神は偉大だ」とつぶやいている者もいる。

一二時、僕たちはちょうど半分の証明書を手渡し終わっていたが、分配は昼の祈りのために中断された。その後、イラン軍の代表から、これから戦時捕虜の要求が告げられると教えられた。要求を告げた後、捕虜たちはその要求を聞き入れてもらえるようにそのままハンガーストライキに入るという。僕たちは再度要求目録を聞くことを拒み、捕虜たちが集まっていた中庭を出た。

ここで、派遣団の退却を指示した同僚と僕の間に議論が生じた。僕の意見はこうだった――戦時捕虜に対する敬意、そして彼らの困窮や望みを知るという僕たちの任務が求めているのは、捕虜の要求にまず耳を貸し、その上で彼らに僕たちの見解を説明することではないか。しかし同僚は、これから言い渡される要求はイラン人が違法で受け入れがたい洗脳を行った結果生まれたものであり、僕たちがそこに居合わせれば、それは赤十字の原則である独立や中立と相容れない政治的プロパガンダの普及に悪用されてしまうというのだった。

それでも僕たちは、昼食の後、戦時捕虜の代表三人に会った。彼らは、自分たちは戦時捕虜ではなくてイスラム共和国の客人なのだと言って三つの要求を出した。

❶赤十字国際委員会は、サダムが暗い監獄に幽閉している我々の家族の所在を突き止めなければならない。

❷赤十字国際委員会は、戦時捕虜を前線に戻してはならないとするジュネーヴ協定第三条の規程を削除しなければならない。

❸赤十字国際委員会は、対サダムの戦いにイラク人捕虜の派遣を要求する請願書を受け取らなければならない。

これらの要求が叶えられるまで、捕虜たちはハンガーストライキを行うという。彼らはすでに昼食を断っていた。僕の印象では、この三人の代表は狂信的《ファナティック》な愚か者などではなく、明白な政治目的をもった男たちだった。僕たちは、一番目の要求は僕たちの任務の一つであること、二番目の要求に関しては、ジュネーヴ協定を変更できるのは条約締結国家だけなので赤十字国際委員会にはどうしようもないこと、そして、三つ目の要求を僕たちにするのは見当違いであることを彼らに説明した。彼らの要求を受け入れるかどうか、あるいはどの程度受け入れるかを決めるのは僕たち自身ではなく、通常、まず上司と連絡を取らなければならないのである。その旨を伝えて、僕たちは収容所を出た。

翌日僕たちは、戦時捕虜に宗教教育やイデオロギー教育を施している聖職者から話し合いに招かれた。捕虜収容所の指揮官やその士官に取り巻かれたこのホジャトレスラム(3)は、ヒラヒラと揺れ動く、ゆったりとしたマントに覆われた豊満な体とメガネの奥に光る慈悲深い目のおかげで英知と品位を輝き放っていた。その彼が言う。

「ここにいるイラクの客人はまったく自由な人々であり、あの示威運動を通してモスリムとしての深い信念を表現しているのです。そしてイスラム共和国は、イスラム教徒全員がその義務を負っているように、この世の中で弾圧されている人々の代理を務めているのです。神は最後の審判の日にすべての人々を裁き、超大国やその加担者は永遠の断罪を受けるのですよ。人道的な働きを行う赤十字は、あらゆる尊敬を受けて当然です。しかし、追放されたり弾圧されたりした人々の希望や理想を公に告知することもまた人道に属することであり、それはここにいる戦時捕虜にしてみても同じことです。それなのに、赤十字はどうしてこれらすべての無慈悲と不公平に対し

(3)　シーア派聖職者の上位三番目の地位。

て口をつぐんでいるのでしょうか。赤十字の派遣員はその証人ではありませんか」

僕たちは彼に、道理に反することや苦悩をなくすための戦いも僕たちの理想であること、それでも僕たちは、赤十字がこの戦いで積み上げてきた長年の経験から生み出したルールを守らねばならないことを断言した。ホジャトレスラムは夕刻の祈りの際、僕たちの意向に沿うように戦時捕虜に働きかけると約束し、必ずうまくいくはずだという慈悲深い断言とともに僕たちにいとまを告げた。

だが、この聖職者が赤十字のために骨負ってくれたとりなしは不成功に終わった。のみならず、捕虜たちは翌日、反対に火を放った厚紙製のアンクル・サム[4]やサダムに反対する横断幕、あるいは超大国の旗を地面に描いて僕たちを迎えた。この地面の上の旗を僕たちに踏ませようという魂胆である。合唱するイスラム共和国の客人たちは、ホメイニ師だけが彼らの指導者だと歌い訴えている。この様子では、身分証明書を配り続けるのは無理だった。僕たちは、その日のうちに荷物をまとめて首都に戻った。バンダルアンザリの収容所にいる戦時捕虜は全員登録を終えていたが、その登録の確認証となる身分証明書を受け取っていたのは半分だけだった。

イランとイラクの戦争は、一九八〇年から一九八八年まで続いた。この間、赤十字国際委員会はイランでイラクの戦時捕虜を六万五〇〇〇人、イラクでイランの戦時捕虜を三万九〇〇〇人登録した。しかし、イランでは、ジュネーヴ協定が求めるような赤十字国際委員会によるすべての捕虜の定期訪問は一度も行われていない。

終戦後の一〇年間で、赤十字国際委員会の監視のもと、九万八〇〇〇人のイラン人およびイラク人捕虜が故郷に送還された。その中には、一五年以上も戦時捕虜として捕らえられていた人々もいた。解放時、イラク人捕虜のうち数千人はイスラム共和国の客人としてとどまり続けることを決心し、二度と生家へは戻らなかった。

「セ・サ、レ・リバン！」（これがレバノンさ）

トリポリは、レバノン北部最大の都市である。ある岩山の突出部に十字軍の要塞が立っていて、この町はちょうどその傾斜地に広がっている。城塞の丘の後ろは深い谷になっており、細い川が山岳地から海に向かって注いでいる。

幅広の道路が、住宅やオフィスビルの脇を抜けて旧市街の前を港へと走る。その港の古い区域は、岬の先から海の上までせり出している。町の北部には石油精製所が一つ、そしてパレスティナからの避難民が住む二つの地区があった。町への出入りを南側から牛耳っている丘の上には、国の大部分を制御しているシリア軍の司令部がある。町から港へと延びる半島の南側には、海に

（4）United State の頭文字、U.S.の戯言化。アメリカ政府または同国民に対するあだ名。

隣接してトリポリのメッセ会場が見える。芝生や雑草に覆われ、ヤシの木も二、三本伸びている。そして、著名建築家のオスカー・ニーマイヤー(5)の手による奇妙な形をした建物でありとあらゆる所が飾られていた。

メッセの向かい側には醜悪な街区があり、その中のある建物の三階が赤十字国際委員会の事務所になっていた。そこからほど近い、同じく醜悪な数軒の建物には、レバノン赤十字社や血液銀行、赤十字国際委員会の派遣員用住居、そしてこの町の陰の指導者であるラシド・カラメ(6)、通称「エフェンディ」の住居があった。

僕がレバノンにやって来たのは一九八三年の五月、イスラム共和国当局の作業妨害に対して抗議の意思を示すため、赤十字国際委員会が僕を含めて数人をイランから引き揚げさせた後だった。あの六月の朝、イスラエルがレバノンを襲撃したというニュースを読んでからまだ一年も経たないというのに、イスラエル軍はベイルートまで押し入ったかと思うとレバノンの首都から力ずくでパレスティナ軍を撤退させ、キリスト派民兵団長のバシール・ジェマイエル(7)をレバノン大統領に選出させていた。しかし、その三週間後に行われた彼の暗殺を防ぐことはできず、また一方ではマロン派(8)の民兵団によるパレスティナ人地区サブラとシャティーラの住民の大量殺戮を監視したりもしていた。

僕がレバノンに到着したとき、イスラエル軍はレバノン南部の三分の一を占領しており、ベイルートにはイタリア、フランス、アメリカの部隊が駐留していた。首都の北方に広がる海岸地域はイスラエルと同盟しているキリスト派民兵団の手中にあり、かたや国の北東は全域シリアの部隊に抑えられていた。

トリポリおよび北部は、イスラエルの侵攻とほとんど無縁だった。強力なパレスティナの部隊やレバノンの内戦当事者たちはここで生き延びていた。シリアの軍や諜報機関が警戒怠りなく監視する中で、さまざまな派や民兵団、徒党が活発に活動してイデオロギーや宗派、あるいはビジネスを防御し、また国家と宗教間の権力バランスが千変万化する中で政治的に有利となる、あるいは金銭的にもっとも頼りとなる同盟者を探していた。

そして、一九八三年の春、ダブル紛争が発生する。敵国イスラエルを相手に追求すべき戦略をめぐって、パレスティナ解放機構（ＰＬＯ[9]）の指導者であるヤセル・アラファト[10]とシリアのハフ

---

(5)（一九〇七～　）ブラジル人。ブラジル・ヨーロッパ・北アフリカで活躍。自然な曲線を生かしたスケールの大きな建築で有名。

(6)（一九二一～一九八七）スンニ派。レバノンの首相を一〇回務める。一九八七年、爆弾によって死亡。

(7)（一九四七～一九八二）レバノンのキリスト教民兵団をほぼ一つにまとめ、「レバニーズ・フォース」を結成。一九八二年のイスラエル侵攻の際には、キリスト教右派でもっとも重要なリーダーであった。

(8) 東方キリスト教会の一派。カトリック教会に属し、レバノンを中心に分布。

(9) パレスティナ人を政治的に統合する機関として一九六四年に成立。一九七四年、アラブ首脳会議でパレスティナ人の唯一正当な代表として承認され、国連オブザーバーの地位を得た。

エズ・アル・アサド大統領[11]が仲たがいをした。それと同時に、パレスティナ軍の司令官であるアブ・ムーサ大佐がアラファトに反抗して騒ぎを起こし、それをシリア大統領が支援したのである。このシリアとの抗争によって、ＰＬＯがイスラエルに敗れた後にレバノン南部やベイルートに残されていた武器を備えた最後の稜堡、つまりトリポリ北部の難民キャンプが危機に陥った。

その夏はすばらしい夏だった。海は暖かく澄みわたり、山々は緑もさわやかで、豊富にある食べ物はどれもおいしかった。しかし八月になると、パレスティナ人たちはキャンプ周辺に防護用の塹壕を掘って土塁を造り始めた。一方、町の中では、シリアと同盟している宗教共同体のアラウィー派[12]が自分たちの区域の防備にとりかかった。そして、ハラカト・アルタウィド・アルイスラミ（イスラム統一運動）[13]と名乗る民兵団が町のあちこちに陣地を構えて、検問所を設けたり、政治的な布告を公表したりするようになった。九月の末には、エフェンディことラシド・カラメの執務室で、僕の同僚のピエールが苦しい立場に追い込まれたＰＬＯの指導者ヤセル・アラファトに遭遇している。

まもなく、町の北部に陣取ったアブ・ムーサがパレスティナ人キャンプを榴弾射撃し始めた。キャンプにあるパレスティナ赤新月社の小さなクリニックを訪ねたとき、僕の前に最初のケガ人たちが連れてこられ、医者から包帯や医薬品、点滴などを切々と求められた。戦争が近づいていたが、それがどんなものなのか、まだ僕にはまったく想像することができなかった。

最初の戦いが勃発したのは、夏の日差しが衰え始めたときだった。ハラカト・アルタウィド・

アルイスラミの民兵が、臨港地区にあるレバノン共産党の事務所に攻撃を仕掛けたのである。しかし、二日後に休戦が言いわたされた。赤十字の看護婦アンネマリーと通訳の一人、そしてレバノン赤十字社のボランティア数人からなるグループが、二台の救急車を使って戦闘区域から負傷者を運び出すように委任された。ちなみに、若いレバノン人にとって赤十字のボランティアという仕事は、戦争当事者や君主の民兵になろうという試みを除いて唯一有益でかつ威厳ある愛国行動だった。僕は同僚のピエールと一緒に事務所に腰掛けて、無線でこのオペレーションを追っていた。彼らが戦場に到着した数分後にアンネマリーが連絡をよこし、ケガ人は一人も見つけられなかった、つまり死者ばかりだという。その後、彼女は少し言葉につまったかと思うと今度は大きく叫んだ。

「ピエール、ピエール！　あの人たち、誰も彼も全員撃ち殺そうとしているわ！」

---

(10)　（一九二九～　）エルサレム生まれ。一九六七年の第三次中東戦争の後、主にヨルダン川西岸で対イスラエル闘争を指揮。一九六九年にPLO議長に、一九九六年には初代パレスティナ自治政府議長に選出される。

(11)　（一九三〇～二〇〇〇）シリアの政治家・軍人。国防相から首相兼国防相を経て、一九七一年に大統領に就任。現大統領の父親。アラウィー教徒。

(12)　シリアを中心に中東全域に広がる宗教団体。およそ二〇〇万人の信者をもつ。その信仰は地中海域のさまざまな宗教をミックスしたもので、シリアの政治および経済に与える影響は巨大。

(13)　一九八〇年代半ばまでレバノン内戦で盛んに活動したスンニ派の組織。PLOと提携していたが、一九八五年、シリアに撃退されて以降力をなくす。

それからまもなく、このチームは四人の戦死した共産党員を乗せて霊安室に向かった。事務所への帰り道、アンネマリーはショックに黙り込んでしまい、オペレーションについては彼女の通訳が報告してくれた。それによると、彼らが到着したとき、激戦の共産党事務所にはまったく人影がなかった。だが、周囲の建物からは発砲音や叫び声が聞こえてくる。そこへ、ある建物からハラカト・アルタウィドの戦士たちが出てきた。彼らは、赤十字のメンバーに「そこの三階にまだ一人いるぞ!」と言うと、声を上げて笑った。弾薬類が尽きてしまった共産党員たちは、休戦の間に隣接する建物に避難してそこに身を隠そうとしたが、敵に探し出されてあっけなく撃ち殺されてしまったのだった。赤十字の協力者たちが建物から遺体を運び出しているとき、イスラム派の戦士たちはその死体に向かってつばを吐きかけたり、蹴りつけたり、ののしったりしたという。

ピエールと僕は、エフェンディことラシド・カラメの住まいを訪ねた。そこでは町の名士連が党の指導者や民兵団の代表者と会い、状況が緊迫したり戦闘が勃発したりしたときに交渉を行っていた。僕たちはエフェンディに大量殺戮のことを知らせ、何とかハラカト・アルタウィドの指導者たちの良心に訴えられないものかと頼むつもりだった。執務室ではマスコミ関係者が、ニュースや現在行われている交渉の結果を今か今かと待ち構えていた。僕たちもそこで一時間待ったが、その後、エフェンディは休息を取るために自室へ戻ったと知らされた。

僕たちは甲斐もなく彼の家を出たが、何か発展があった場合には逐一知らせてもらえるようにと、レバノン人の同僚を一人残してきた。町の中心部にある共産党の本拠地周辺ではまだ戦いが続いており、その激しさは夕方近くまで衰える気配を見せなかった。そして、その戦闘地区に負傷者がいて、火事が発生しているという知らせが届いた。

僕たちは再び赤十字国際委員会の車両一台に僕と僕の通訳、レバノン赤十字社の救急車に四人のボランティア、そして消防車が一台という新しい避難チームを結成した。それぞれの車両に乗り込み、僕たちは町の中心を南部と隔てている大きなロータリーを出てクラ広場に続く狭い道路をゆっくりと進んだ。共産党の中枢はこの広場にあった。最初の角には、無精ひげを生やして赤い鉢巻を巻いた戦闘服姿の男が三人カラシニコフを持って立っていた。共産党員である。彼らは、党の本部に負傷者が二人いるという。しかし、目の前を横に走る通りは敵方のゲリラ兵に抑えられていて、彼らは路上を動くものをすべて狙い撃ちしていた。僕たちは、戦闘員自身が負傷した党員を救いに行くべきだということで意見が一致した。

民兵の一人がまずスタートを切って目の前の通りを全速力で渡り切り、向かいにある路地の中へ消えた。時折、銃声が聞こえる。僕たちは角にたむろしてタバコを吸っていた。夜が訪れた。僕たちは待っていた。路地を黒いメルセデスがやって来た。ライトを消したまま、こちらに向かって走ってくる。そして、角で停車した。エンジンがかすかな音を立てている。それが吠えるような音に変わったかと思うと、車は一気に危険な通りに入った。銃声が数発響いたが、それにはかまわずロータリーに向かってさらに進む。再び静寂。二人の若い兵士はサンドイッチを食べながら僕たちと雑談していたが、一人が僕を見てパンを噛みながら言った。

「これがレバノン《セサ、レリバン》さ！」

そして、にやりと笑う。そのとき、向かいの路地で何かが動いた。建物の塀に沿って、二、三人の人影がこちらに向かってやって来る。道の角でいったん止まり、それから目の前の道を駆け抜けてきた。彼らが担いでいる担架の上にはケガ人が一人横たわっており、即座に救急車へと移された。クッキリと照らし出され、目立つように立てられた赤十字の旗とともに、僕たちの短いコンボイは建物に囲まれた一角を音もなく抜け出てガランとしたロータリーを越え、共産党員のシンパが経営している近くの病院へ向かった。負傷者は、すぐに手術室に運び込まれた。

僕たちは、二人目のケガ人を連れに交差点へ戻った。待機がまた一から始まった。ロータリーの方からメルセデスが四台やって来た。窓からは銃身がにらんでいる。僕たちのそばにいた二人の共産党員がある建物の入り口へ行って援護につき、車の中を覗きうかがいながらぞんざいな挨拶をした。四台の車は通りを横切るときに射撃を受けたが、止まらずにそのまま走ってゆく。中心部に入ると砲火は激しさを増し、どうやら包囲されていた共産党員は弾薬類の補給を受け取ったようである。

僕たちは、この陣地をあきらめることにした。危険にさらされているような感じがしたし、二人目の負傷者を今夜のうちに連れてくることができるとはもうほとんど思えなかったからだ。とにかく、一人は救い出したことだし……。

翌日、町の中心部では戦闘がさらに激しさを増し、砲火には榴弾《りゅうだん》(14)も加わるようになった。僕は例の負傷した共産党員の様子をちょっと見ようと、彼が運び込まれた病院を訪ねた。病院に着いてしばらくすると周辺に落ちる榴弾が激しさを増したので、当分の間表には出ないことにした。患者や医者、看護要員は、榴弾が命中しても二つの壁に守られるようにと廊下にしゃがんでいた。そして政治を論じたり、コーヒーを飲んだり、小噺を披露したり、タバコを吸ったり、通路を行ったり来たりしていた。僕はある医者から、静かなスイスからこんなキチガイだらけの国へやって来るなんて頭がおかしいんじゃないのかと言われた。

二時ごろ、僕は事務所へ戻ってみた。ところが、三階にいるはずの同僚はみな建物の地下室にいて、そこは臨時事務所に様変わりをしていた。僕たちだけでなく、この建物に住むほかの人々も集まってきており、簡易ベッドや事務机、無線局も運び込まれていた。僕が地下室に落ち着くか落ち着かないかのうちに、建物の前でものすごい爆発音がした。そして、二分後にもう一回、さっきよりは少し遠い。

この辺り一帯が大砲の爆撃を受けていた。数分ごとに砲弾が爆発する。榴弾が近くに落ちると地下の壁が震え、頭上の建物がユラユラと揺れた。僕たちは、罠に落ちたかのように地下室に座っていた。僕は、この爆撃の中を生き残ったときには即刻家に帰ろうと思った。自ら進んでこん

(14)　弾体内に炸薬を詰め、到着点で炸裂する装置の砲弾。

な国に来てしまうなんて、僕は頭がおかしかったのだ。そして、気を紛らわすためにフランスの雑誌の古くなった〈パリ・マッチ〉誌を隅から隅まで読んだ。

二時間後に射撃が止んだ。ピエールと僕はエフェンディの所へ出かけた。彼は、たった一人で豪華なサロンに座っていた。寝椅子の横の小さな机の上にはネール[15]やナセル[16]、チトー[17]など、政治的指導者の献呈の辞が添えられた写真が陳列されている。ピエールが地下室から直接やって来たと言うと、カラメは微笑んで言った。

「私は、砲撃のときは部屋から出ないよ。地下に下りてもさほど変わりはないんだ。こんな悲惨な爆撃、まったく無意味じゃないか。私も仲裁に入ったけれど、もうこれまでだ。前にも言ったように、これは巨大で恐るべき陰謀だよ。実際、非常に残念なことだがね」

僕たちは、負傷者をもう一度救出しに行くことが可能かどうか尋ねた。彼の補佐が電話をかけ、エフェンディが話す。そして僕たちは、彼の同意を得て救出に出かけた。事務所のそばに、ハラカト・アルタウィドの負傷者を二人乗せた救急車が止まっていた。彼らは頭部に銃で撃たれた傷を負っており、トリポリでは手術が不可能なので治療のためにベイルートへ運ばれなければならなかった。しかし、町の出口には彼らの敵である共産党の検問所がある。そこで、この二人の負傷者を同伴する際の安全を交渉するために、ピエールが共産党員の所へと向かった。その間に共産党の幹部が電話をかけてきて、僕たちに助けを求めた。クラ広場にある彼らの本部に、負傷者が六人いるということだった。

　ピエールは、イスラム派の二人の重傷者を連れて町外れにある共産党の歩哨を通り抜けることに成功した。一方、事務所にはエフェンディの補佐がやって来て、状況は僕たちが負傷者の救出を始められるくらいにまで落ちついたと伝えてくれた。ハラカト・アルタウィドの代表も電話をかけてきて、是が非でも救出したい負傷者がいることを伝えると同時に、彼らの兵士は赤十字に絶対に手を出さないことを保証した。

　僕たちは、二つの避難グループをつくった。一つは共産党員の負傷者担当、もう一つはイスラム派担当である。僕は、アンネマリーとレバノン赤十字社の救急車二台とともに再び共産党員の方を引き受けた。僕たちは前日と同じ道を進んだが、昨晩共産党の兵士たちと一緒に待機していた例の交差点までやって来ると、頭に黒い布を巻いた髭面の若者に引き止められた。イスラム同盟の戦士たちだ。彼らは車の周りを走り回ったり、大声で叫んだり、武器を振り回したりして、僕たちをクラ広場へ行かせまいとする。そこで僕たちは、左折して「テル」と呼ばれる繁華街に

---

(15)（一八八九～一九六四）インドの政治家、社会民主主義者。ガンジーの盟友。非同盟諸国の中心的指導者として世界平和の確立、アジアの解放に尽力。
(16)（一九一八～一九七〇）エジプトの軍人・政治家。一九五八年、シリアと合併してアラブ連合共和国をつくり、その初代大統領となる。アラブ民族主義を主唱。
(17)（一八九二～一九八〇）ユーゴスラヴィアの政治家。一九五三年に初代大統領、一九七四年には終身大統領となる。国際政治の面では非同盟を主唱。

向かって車を走らせた。

広々とした広場には町の中心を示す時計台が立っている。明るく照らし出された広場にはガラスの破片が一面に散らばっていた。人影はない。黒い布を頭に巻いた民兵が数人、建物の壁際をササッと横切っていく。僕たちは再び左に曲がって、この危険地帯を抜け出た。道を二本抜けた所で赤い鉢巻の兵士が僕たちの車を止め、負傷者を一人引き渡した。

僕たちは、彼を病院へ運んでから事務所へ戻った。そこへ、ピエールが無線で連絡を入れてきた。そして、僕たちを通過させてくれるという新しい確約をハラカト・アルタウィドから得たと言う。彼は、テルで僕たちを待っている。ピエールが時計台の前で僕たちの到着を今か今かと待っていたとき、時計台の周りにはジープやＰＬＯの最強派ファタハ[18]の戦車が数台止まっていた。

ピエールが加わり、僕たちは歩くくらいの速さで広場にいるイスラム派のそばを通り抜け、狭い通りを抜けて包囲されている共産党の本部へと向かった。車が止まり、アンネマリーが建物の中へ入ってゆく。しばらくすると、一人また一人と同志に支えられ、あるいは担架に乗せられて負傷者が運び出された。僕たちは、僕たちが乗っていた二台の車と二台の救急車に彼らを運び入れ、暗い通りから明るく照らし出されたテルに向かってゆっくりと戻った。広場に着くと、ハラカト・アルタウィドの兵士たちが叫ぶ。

「神は偉大なり！」

彼らは僕たちの車と一緒になって走り、車や救急車の中を覗き込んで、こぶしでドンドンと車両を叩く。しかし、テルを抜け出るとまた誰もいなくなった。そこで僕たちはスピードを上げ、人気《ひとけ》のまったくない通りを高速で病院に向かった。車の後部では赤十字のマークがついた旗が照らし出され、風にあおられてパタパタと鳴っていた。

トリポリ共産党の排除はほんの序曲だった。これに続いて、イスラム派から圧力をかけられたほかの左翼やプロ・シリア派が町の拠点を撤収し、一方ではアブ・ムーサのシンパがパレスティナのキャンプから追い出された。二週間後、パレスティナ軍の反アラファト部隊がシリア砲兵隊の支援を受けてキャンプや町を攻撃し始めた。赤十字国際委員会は、町で一番大きなイスラム病院に巨大な赤十字の旗を掲げ、玄関口に代表者として僕を立たせた。僕は武器が病院に持ち込まれないようにチェックし、医薬品や外科用器具、発電機用の燃料、手術室用の酸素などをベイルートの赤十字国際委員会派遣団に注文した。病院の前にある駐車場には冷凍車を止めて、埋葬のために家族が引き取りに来るまで遺体をプラスチックの袋に入れて保存した。身元不明の遺体は、砲撃のない静かな午後に町の墓地に埋葬してもらった。

病院の周辺にも数日にわたってロケットや榴弾《りゅうだん》が打ち込まれたが、裂片が飛んでくることはほとんどなかった。そして、クリスマスにはすべてが終わっていた。アラファトと生き残った彼

---

(18)　パレスティナ民族解放運動。アラファト議長の支持母体。一九五七年にアラファトがクウェートで創設。以来、PLOの中核を担い、反イスラエルのゲリラ活動を繰り返す。

最新の技術と兵站のおかげで救援はすぐにやって来る
（写真提供：オーストリア赤十字社）

の部隊はヨーロッパの船がトリポリから連れ出し、シリアと同盟していた派は以前の事務所に再び居を定め、さしあたりハラカト・アルタウィドには寛大な処置が施され、そして再びあらゆるサイドに対してシリアが優勢を誇るようになったのである。

モガディシュのマッド・マックス

一九九四年七月一四日、僕は数人の同僚とともに赤十字の飛行機の中に座っていた。その飛行機は、ソマリアの首都モガディシュの飛行場を飛び立ったばかりだった。僕たちはたった今、赤十字国際委員会のモガディシュ派遣団を整理し、閉鎖し、離れ、手放したところだ。僕は滑走路の上でこの町の赤新月社の責任者に別れを告げ、ソマリア人顧問を抱きしめ、お抱えだった運転手にオーディオ機器をプレゼントした。彼は、噛みつぶしたカトの葉[19]がいっぱい入った口で笑った。彼はボスの運転手だったが、もうその仕事はなく、代わりにゲットーブラスター[20]があるだけだった。それと、赤十字国際委員会が支払ったたくさんのドルと。

その二ヶ月前、赤十字国際委員会の派遣団長という新しいポストに就くために僕はこの同じ飛

(19) ニシキギ科の低木。その葉には刺激性効果があり、嗜好品として人気がある。
(20) 大きなサイズのラジカセ。

行場に降り立った。実は、このポストには誰も就きたがらなかった。ソマリアの評判があまりよくなかったのだ。ストレスや無法状態や暴力、そして「スタンディング・オーダーズ」の長いリスト、つまり赤十字国際委員会のメンバーが自分自身の安全のために守らなければならない規則や禁令のせいである。

僕が着任する一ヶ月前に赤十字国際委員会の水利エンジニアが誘拐されて、数日にわたって拉致されていた。この前まで任務に就いていたハルツームにはソマリアでの勤務経験者が数人いて、彼らのおかげで僕はソマリアについてある程度の知識を得ていた。彼らはソマリアでの体験談や死に至るほどの飢え、抑制されることのない欲、見境のない暴政などについて話し聞かせてくれ、ときおり訪れたいつ終わるともない夜を短くしてくれたものだ。それでも、僕はこの職を引き受けた。いや、ひょっとしたら、「アナーキーはおもしろい」と思ったからかもしれない。

滑走路では、前任者の女性が白地に赤の十字を描き塗ったランドクルーザーに乗って僕を待っていた。僕たちは、上部を有刺鉄線で補強した高い囲いの中、門を一つくぐり、空っぽのターミナルを通りすぎて国連の兵士たちが見張っている二つ目の門まで滑走路を疾走した。そこでは白い収穫用車両が二台待機しており、武装した数人の男たちがそれに飛び乗った。ガードマンが乗った収穫用車両の一台が僕たちの前を走り、後ろから別の一台が続く。僕たちは飛行場の道路を高速で走り抜け、町の中に入ったかと思うとすぐに幹線道路を離れてヴィラが立ち並ぶ区域へ入り、数メートル走ると白い壁の前で停車した。その壁には窓口と閉じた小さなドアと門があり、窓口の前で数人が僕たちを待っていた。運転手がクラクションを鳴らすと門が開き、僕たちが入るや否やまたすぐに閉じた。

ここが、赤十字国際委員会の派遣団だった。僕は塀で囲まれた敷地や事務所、倉庫などを見て回った。空っぽの部屋や、使えなくなった古いガラクタで埋まっている部屋がたくさんあった。僕は新しい仕事仲間や運転手、この地所を監視したり外出に随行してくれたりする男たちを紹介してもらった。看護婦たちの仕事内容や行方不明者の捜索機関の作業内容、人道的観念を普及させるために派遣員が考えていること、管理人の女性が格闘している問題などについて説明してもらった。そして、政治的、軍事的状況を理解してもらおうと説明してくれるソマリア人職員の話に耳を傾け、古い書類を読んだ。

町にも出かけた。人、ロバ、荷車、ラクダ、車やトラックが行き交う中を港へ向かう。その入り口には、なすことのない港湾労働者や失業者がたむろしていた。主要交差点には砂袋が積み上げられており、その上には国連の旗が高くなびいている。ブルーのヘルメットと銃身は、見えるか見えないかくらいだ。その脇を「技術屋《テクニカルズ》」と呼ばれるライトバンや四輪駆動が、何のチェックも受けずに疾駆してゆく。荷台には機関銃や高射砲が積まれ、その後ろにまだ若い男の子が古代のカドリガ御者[21]のように立っていた。

廃墟から若い木々が高々とそびえる古い町の中心部で、傷ついた凱旋門に「ROMANAMENTE《ロマメンテ》[22]」と書かれているのを見た。そして、南と北、またはハバー・ゲディア部族が住む地域とハワトレ部族が住む地域、あるいはある君主と別の君主の支配圏を分ける境界線までやって来た。ここでは、別の運転手が運転する新しい車と、僕たちを守ってくれることになっている別の部族のガードマンが待っていた。海岸沿いを走っていくと、別の救援組織の車に出くわした。四輪駆動やライトバンが長々と列をつくり、銃身をのぞかせている。その中の一台にいた白人と視線があった。

岸辺の遊歩道では、子どもや年老いた女性たちがまだ使えそうなものや食べられそうなものを求めてゴミ山の中をあさり、角のカフェに座った男たちはクチャクチャとカトの葉を噛んでいた。町の北側の外れには赤新月社の病院があった。この建物は、以前は刑務所だった。白い要塞のごとく、岩礁の上に腰を据えて海洋を眺めわたしている。その上空では、風が雲を陸地へ向かって追い立てていた。

南側の外れにはソマリア国連オペレーション、略称Unosom（国連ソマリア活動）の要塞があり、その門前には長蛇の列ができていた。仕事をもらおうとしている人、要請書を提出しようとしている人、陳情を手渡そうとしている人々などである。そこからほど近い所では、武装した若い男たちが国連の下部組織を包囲していた。彼らは、自分たちが行ったと称する奉仕に対して報酬を要求していた。構内《コンパウンド》には、住居や事務所、営舎、酒保、倉庫があった。職員はナイロビやニューヨークに電話をし、幹部は状況を話しあうために会合を開き、秘書の女性たちは指にマニキュアを塗り、顧問はコンピュータのテトリスで遊んでいた。

僕の着任後すぐに行った活動の一つに、誘拐されたネパール人国連兵士の解放準備があった。

ソマリア人職員と誘拐犯の間では連絡がついたり途絶えたり、そしてまた連絡が入ったりという状態が続いていたが、数日後、そのネパール人は少々ドギマギしながら派遣団の中に立っていた。彼の国連帰還を祝って小さなパーティが開かれ、報道関係者への声明が発表された日のことである。それから、国連刑務所に捕らわれているソマリア人を訪れた。彼は遠く離れた田舎の出身で、かなり気が混乱しているようだった。なぜ、彼がここにずっと監禁されたままなのか、その理由を誰もよく知らなかった。そこで僕たちは、人道的な理由から彼を解放してやってはどうかとすすめた。

僕たちは大きな病院二軒と共同作業を行っており、看護婦にそこを案内してもらったりもした。手術室は使用不能、倉庫は空っぽ、多くの病室も使用されていなかった。数えるばかりの患者がガタのきた鉄製ベッドに横たわって、看護に必要な薬や器具のために家族がお金をかき集めてくるのを待っていた。健康保険はなく、中央銀行もなく、政府も存在しなかったが、病院はあったし、お金も市場もあった。そして、ある君主が別の君主から市区の支配権を奪い取ろうとして、あるいはある部族がメンバーの死や失った面目のあだ討ちをしなければならなくて戦いが勃発し

---

(21)　古代ギリシア・ローマの四頭立て二輪馬車で、競技・凱旋式に用いられ、しばしば戦勝記念碑などの題材になった。

(22)　イタリアのファシストが使う挨拶。

たときには、赤十字国際委員会はこれらの病院へ負傷者の看護に必要な物資を調達した。

飛行機が、僕をある土地に運んできた。何という場所だったかはもう覚えていない。そこでは、別の通訳に随伴してもらわなければならなかった。つまり、そこの部族の人間、その地域に住む、あるいは少なくともそこで好かれている人間でなければならないのである。僕は年寄りたちと一緒に腰を下ろして、家畜の病気や敵の術策、水飲み場の枯渇、医薬品の不足、国連の怠惰などについて苦情を聞いた。ここには病院はなく、お金もない。そして、市場にあるのはカトだけだった。

書類の中で、僕は独裁者の失脚、部族間や党派間の戦争、国家の崩壊について読んだ。ほとんどの開発組織や救援組織が安全面を理由に撤退していったこと、幾つもの調査団の中で、赤十字国際委員会の派遣員は何千人もの人々が餓死していった町や地域に出くわしていることについて読んだ。ほかにもたくさんある。思いつくままここに列挙してみよう。

- 世間や政府にこの大量死に気づいてもらおうとする試みについて。
- 赤十字国際委員会や少数の小組織が国内に持ち込み、分配し、強奪され、売りさばかれた何十万トンもの食糧や救援物資について。
- 盗まれた車両、地雷が埋め込まれた道路、略奪された船荷、襲撃されたトラック・コンボイ、略奪し尽くされた大型金庫について。
- 任務の最中に殺害された赤十字国際委員会の派遣員や赤新月社のボランティアについて。

●腹をすかせた女性と子どものための屋台、ヤギやラクダの予防接種キャンペーン、そして乾いた畑に掘った井戸について。
●飢饉の沈静化やアメリカ部隊の上陸について。
●この国に馴染みのない秩序を押しつけようとして失敗したことについて。

ソマリアにやって来て数週間が経ったとき、何かと大変だった時期に赤十字国際委員会のために働いてくれたあるソマリア人が連絡を入れてきた。そして、二年前に赤十字国際委員会に車両を貸したのだが、その貸し賃をまだ払ってもらっていないという。だが、赤十字の関係者は彼のことを覚えていない。彼もこの要求の裏づけをすることができず、赤十字国際委員会の書類の中にも彼の名前は出てこなかった。というのも、大飢饉の間は契約書を起草したり、勘定書をつくったりする時間など誰にもなかったからである。しかし、彼の要求は首都のイスラム裁判所から認められており、国連の管理機関に対してもこの要求の貫徹が求められていた。そこで、赤十字国際委員会は、国連から承認されている外交官の不可侵特権に拠り所を求めた。ところが、この自称債権者は、不可侵特権などどこ吹く風といったふうである。

それもそのはず、この二ヶ月前にフリーマーケットで数人の戦士を雇い入れて、赤十字国際委員会の水利エンジニアを誘拐したのは彼だったのだから。部族の長老に強いられて人質は解放したものの、この要求はまだあきらめていなかったのである。僕たちは弁護士を雇い、長老に意見を求めた。しかし、どうしようもなかった。この先も職員が誘拐されたり、さらには殺されたりするかもしれないというリスクを負いたくないのであれば、赤十字国際委員会は要求された金額を支払うしかなかった。そして、僕たちは要求通りにそれを支払った。

ソマリアに来て六週間後、僕はジュネーヴに報告書を送った。その最後は、モガディシュの派遣団をあきらめてはどうかというすすめで結ばれていた。僕たちの努力や費用の大半が、ここでの滞在を安全にするためだけに費やされていた。赤十字の意味するところはもはや戦場における協力者の保護ではなく、金をせしめることができる組織の存在と成り果てていた。僕たちの安全は赤十字の旗に対する敬意ではなく、赤十字のガードマンの銃身によって保証されていた。僕たちの頭の中にあるのはもはやこの国に住む人々の命ではなく、僕たち自身の生き残りについてだった。ほかのあらゆる国際組織、とりわけ国連と同じように僕たちも術中に陥り、出口を探していたのである。

数日後、ジュネーヴは退去にゴーサインを出した。僕たちはまず出発の準備を極秘に行い、飛行機が発つたびにナイロビへ器材や資料を送った。もちろん、人目につかない程度に。退去が告知されてから出発まで三日あった。その間に僕たちは、賃貸契約や雇用契約を解約したり、職員やパートナーに僕たちの決心を説明したり、部族の長老や党首、ほかの救援組織や国連の代表者にいとまごいの訪問をしたり、あるいはまた書類を焼き捨てたり、在庫品のほとんどを赤新月社に預けたりプレゼントしたりした。ガードマンに引越しを妨害される恐れがあったので、それを防ぐために彼らと補償額の交渉もしなければならなかった。僕は今でも、この退去がうまくいったことをすごいと思っている。モガディシュからナイロビに向かう飛行機の中で僕は泣いた。そして、いつしか眠りに落ちた。

赤十字国際委員会は、ソマリアを見捨てたわけではなかった。要所要所にソマリア人職員を一人ずつ残していたので、彼らがそれぞれの地域の発展について逐一ナイロビの派遣団に報告してくれていたし、ソマリア赤新月社にも以前委員会が自ら行っていた任務の多くを遂行してくれるよう頼んであった。僕たちは国内のあらゆる地域を定期的に短期間訪れては状況を探り、連絡をとり、救援行動の準備をして、それを赤新月社とともに実行していた。僕たちの作業は続いていたのである。

ここに書きしたためられた事柄の大部分は、任務地から実家へ書き送った手紙から綴り直されたものである。これらの手紙がなければ、あの当時、明るく照らし出されたトリポリのテルでガラスの破片の上を共産党本部に向かって車を走らせたのが僕だったのかどうか、きっと定かではなかっただろう。忘れてしまうのは、冒険も退屈な日々も同じである。今はまったく何も起こらないでいるが、いつ何時何が起こるともかぎらないゆえ、最低一人の派遣員が辛抱強く現地に残っていなければならない「スタンド・バイ」という期間がある。その気になれば、このやりきれない期間についても書くことはできる。残った派遣員は事務所で暇をもてあまし、名士を一日に一人ずつ訪ねては今の出来事が起こる前の古き良き時代やスイスの模範的な清潔さについて話をしたり、担当の知事や党書記官、諜報機関の大佐を訪ねては、「君が提出していた請願に対する同意は、残念ながら担当の省からまだ届いていないよ」と聞かされたりするのである。

あるいは、三年間勤しんだ、ジュネーヴにある赤十字国際委員会の中枢で行った仕事について書くこともできる。僕は毎日髭を剃り、誰かのためのスピーチ原稿を書き、報道関係者に説明を行っていた。世界のどこかで赤十字国際委員会の派遣員は何かをしていた——あるいは、それこそ何もできないでいた——のだし、ジュネーヴでは赤十字の原則内においてある解釈が、つまり赤十字の行動の正当化が模索されていたのである。そしてそれは、のちにコミュニケや記事や演説とともに世界中に伝えられていった。事務所や通路、会議場で行われた仕事もあるが、これらについては忘れてしまってもかまわない。

6 派遣代表員なる気質

――ペーター=ゴットフリート・シュトッカーと思索する

ゲオルク・ブルノルト

Georg Brunold

ゲオルク・ブルノルト

1953年にアローザ（スイス東部のグラウビュンデン州）に生まれ、哲学者から〈ノイエ・ツュルヒャー・ツァイトゥング〉の編集者になり、通信員として長年スイスとアフリカを往復する。現在は雑誌〈Du〉の編集者としてチューリヒに在住。原文はドイツ語。本章で描写されている人物、ペーター＝ゴットフリート・シュトッカーは、赤十字国際委員会からさまざまな戦地へ派遣されたベテランの派遣員。筆者のブルノルトが、この多くの困難な任務をやり遂げたシュトッカーの哲学を探る。

「Anderen Bibliothek」シリーズの中で『Nilfieber. Der Wettlauf zu den Quellen』(1993年),『Afrika gibt es nicht. Korrespondenzen aus drei Dutzend Ländern』(1994年), そしてクラウス・ハルトおよびR・キーレ・ヘルストと共著の『Fernstenliebe. Ehen zwischen den Kontinenten』(1999年) の３冊を出版。

出典：

Georg Brunold, Der Stoff, aus dem der Delegierte ist. Philosophieren mit Peter Gottfried Stocker. Originalbeitrag

シュトッカーは、もうしばらく前から黙ったままである。こんなふうにじっと思いに耽っている彼を見ていると、スカラ座のあるテノールを思い出す。歌い終わったあともまだしばらくの間、音域の広い静けさがはっきりと聞こえる、そんなテノールだ。それにしても今夜のシュトッカーは、どうやらもう現実の世界には帰ってこなさそうである。

一九九一年八月一日、スイス連邦建国七〇〇年記念日にナイロビのサファリパークホテルで催されたスイス人会の特別記念晩餐会は無事終了し、夜は刻々と更けていくばかりだが、私たちはまだ大使のテーブルの前に座ったままだった。

どうしてこのテーマが話題になったのかはもう覚えていないが、誰かが自宅のことやスイスのシートベルト着用義務について――たぶん、この義務に関するあれこれの改革や洗練化、それに伴う強化などについて話していたのだと思う。何かの拍子にこれがシュトッカーの耳にまで届いたと思われ、彼は現実の世界に戻ってくると、テーブルの縁から静かに、だが勢いよく視線を上げた。さっきまで膝の上で組まれていた両手はひじ掛けを握りしめ、両肩もそれにあわせていくぶん高く盛り上がっている。

「おい、今、スイスはどんなふうだ？」

彼は、灰皿の中でかすかに微光を発しているタバコに手を伸ばしながら言った。そして、一ぷく吸ってから続ける。

「スイスじゃ確か、そのシートベルト着用義務は――それはそこじゃ、車に適用されているだけだよな」

私の記憶に現れたのは、いつも彼の眉毛だった。話が弾むと、顔から指一本分飛び出したように見えるその眉毛である。彼の眉毛は本当にそれほど特別にモジャモジャしていたのだろうか。そして、その眉毛の間に刻まれた皺はあんなに深かったのだろうか。シュトッカーは頭の形が見える人間には属していなかった。豊かに波打ちながら襟の後ろに落ちる黒い髪の毛、そこから少し視線を移せば、目に入ってくるのは広々とした顔であり、決して砂漠を飛び回るタカのくちばしのような口ではなかった。目も、絶対に深く落ち窪んでいたりはしなかったはずだ。

シュトッカーの眉毛――あれから七年、再び目にしてようやくはっきりと分かったのだが――それは大文字の「S」が二つ並んでいるよう、いや、それよりももっと勢いよくはね返っているくらいである。比較的水平になっているときは、「セニョール」の「n」についている波形符のように左右対称に長く伸びている。

静かにリラックスしてじっとしているかぎり、この眉毛はあまり目立たない。だが、いったんシュトッカーの注意を呼び起こし、互いに目と目を見つめあって話しているうちにその周辺の顔つきがぼんやりと定かでなくなってくると、この眉毛はどれほどダイナミックになることか。その外側の高い曲線は、グングン伸びると重要で難しいテーマをパクッと捕らえ、その下に押さえ込んでしまう。一方、窮屈そうな内側の曲線は、相手をエネルギッシュかつ簡明的確にしっかりととらえて離さない。息子が病気になり、心労や憂慮のために鼻根のあたりからギュッと収縮してしまう母親のそれとは異なって、シュトッカーの眉毛は上へ盛り上がって互いに寄りあうとどんどん大きくなり、視線をシュトッカーのこの眉毛そのものではなくて目に固定させていては、その弓形——そうだ、それは二つ並んだ疑問符（?）だったのだ——からはいつまでたっても逃れられないのである。

ソマリアで赤十字国際委員会の派遣団を率いる彼が、大将軍《ウォーローズ》やその将校と一緒にバオバブの木（1）や枝を張り伸ばしたアカシアの木の下に座っている。シュトッカーは、戦争や人道的大災害について報告していた。何十万人ものソマリア人が国境を越えてエチオピアやジブチ、ケニア、あるいは海を渡ってイエメンまで逃げていた。そして、それよりもさらに多数の難民が、戦争から逃れる避難場を国内に探し求めた。十分に栄養を取ることができた子どもは、おそらく一〇人に一人くらいだっただろう。当時、ナイロビで話題となっていたのは、ソマリア国民の苦悩であってシュトッカーの交渉能力ではなかった。

ただし、遅くともその当時、私が記事を書いていた新聞社の同僚の記者と二人で三度目か四度目に彼の事務所を訪れたとき以来はっきりとしていることがある。そのときシュトッカーは、「以前、どこかでお目にかかりましたよね」と同僚に聞いたが、同僚の方には思い当たるふしが

（1）　バンヤ科。アフリカ大陸のサハラ以西のサバンナに生育する熱帯アフリカ原産の落葉樹。大きいものは高さ二五メートルにもなる。

ないと見える。

「O・Iと申します。　新チューリヒ新聞《ノイエ・ツュルヒャー・ツァイトゥング》の……」

「いや、やっぱりそうだ。あれはハルツームだったよ。一〇年か一二年くらい前のことだが」

その数ヶ月前、私が彼に初めて会ったときもまったく同じだった。そのときもハルツームだった。一緒に旅をしていた男が――確か、一九八〇年だったと思う――よく知っていた派遣団長を赤十字国際委員会の事務所に訪ねたのだった。だが、そこにいたのは団長代理のシュトッカーだけだった。当時、初めての任務に就いていた彼は、スーダンに居を置きながら、エリトリアに捕らえられたメンギスツ[2]軍の戦時捕虜を訪問していた。その後、一九八二年にエルサルバドルへ渡り、その二年後にニカラグアで派遣団長としての初任務に就いた。そして、ニカラグア共和国の首都であるマナグアに別れを告げてからもすでに五年が経っている。

モザンビークに二年――再度、戦時捕虜の訪問――そして、ソマリアにはすでに三年。その後、彼の派遣団は戦闘のためにモガディシュから避難しなければならなくなった。ソマリア国民には特別手がかかったが、彼はハルツームよりもソマリアの方を身近に感じていたに違いない。まるで奇跡が起こったかのように、ここの民俗地図がすべてラテン文字で表示されたのは、彼がAからZまでのアルファベットを駆使してソマリアの一族リストをつくったおかげである。

その正確な数は今日に至るまで不明だが、もしかしたらシュトッカーだけは知っているのかもしれない。誰も知らない神の一〇〇個目の名前を知っているのはラクダだけだが、ソマリアのシユトッカーは誰も知らないラクダの一〇〇個目の名前を知っていたのだから。(3) 少なくとも、人物に関する彼の記憶力は、ソマリアの複雑なゴタゴタにも引けを取らないだろう。

一九九一年一月七日、フランスのコマンドが、彼と彼の二〇人の部下を飛行機で脱出させた。九人が外国人《エキスペトリエイツ》で一一人がソマリア人だった。七日後、彼らは船でジブチに到着し、シュトッカーは同僚の一人とともにそのまますぐにアジス・アベバ経由でナイロビへ飛んだ。これから先の行動については、ソマリア北西部での作業を担当しているジブチの赤十字国際委員会事務所と調整して決定されることとなった。ケニアの避難先では、直ちにスーダン派遣団がソマリア派遣団に残った人々を全力投球で熱狂的に支援してくれた。しかし、二週間も経たないうちにこのオペレーションは中止され、シュトッカーは一月一九日から再び定期的にソマリア南部の危険地帯を訪れるようになった。そして、一月二九日には、赤十字国際委員会の双発ビーチクラフトが脱出以後初めてモガディシュに降り立った。だが、彼が東アフリカに別れを告げるのは、それからさらに二年が経過してからである。そのときには、ソマリアに必要な新しい大統領は、実際のところペーター＝ゴットフリート・シュトッカーしかいないといわれていた。

---

(2)（一九三八〜　）元エチオピア大統領。一九七四年、軍事クーデターにより王制を廃止し、社会主義政権を樹立。軍事独裁のもと数十万人を虐殺したといわれる。一九九一年に政権崩壊後、ジンバブエに逃れる。

(3)　アラビアの民間信仰の中で、ラクダがなぜいつも高慢な顔をしているかを説明するもの。「アラーには一〇〇の名前がある。その中の九九は人間が知っているが、一〇〇個目を知っているのはラクダだけだから」

異例の状況に置かれた彼は、ケニアでの再出発に最小限必要となるものをナイロビのダウンタウンで買い求めるゆとりができた。だが、気に入った靴を見つけることはできなかった。

「黒い靴はたくさんあったのに、どれも気に入らなかったんですか」という私の質問に、彼は首を横に振りながら言う。

「どういうわけか、黒い靴はこれまで買ったことがないんだ」

そのあと何か別のことについて話しながら、しばらくゆっくりとケニヤッタ・アベニューを歩いた。彼をゆっくり歩かせるのは、彼の不撓不屈の精神だ。それは、今日まで変わることがない……少なくとも平和時には。また彼は、これから任務に就くというとき、少なくとも彼自身の部下に対しては必ず十分な睡眠をとらせるのを常としていた。

さて、そうやってケニヤッタ・アベニューを数分歩いたとき、突然、彼はまたさっきの話題に戻って言った。

「いや……」

次の言葉を慎重に前の言葉に続ける。

「やっぱり、理由が分かるような気がするよ。どうして黒い靴を買ったことがないのか、ということだけど。もし、色というものがなかったら、黒い靴だって買っていたと思うんだ。だけど、色ってあるからね……」

赤十字国際委員会の派遣員は、状況がそれほど劇的ではないときでも、普通は家財道具をコンテナに詰め込んで一家揃って地球をグルグルと引越しして回ることはない。任務が一二ヶ月あるいは一八ヶ月以上続くことは稀なので、ほとんどの派遣員は旅暮らしである。任務地から任務地へと、シュトッカーに連れ添っている唯一の家財道具は数枚のじゅうたんだ。両手は空けて、というのがモガディシュ避難に際する命令だった。シュトッカーのリュックサックにはおそらく全部の靴を入れるスペースはなかったろうが、ニカラグアで仕入れた、丸められた絵が数枚のほかに聖書ともう一冊、老子[4]の『道徳経』が収められていた。彼は、それを引用して言う。

「陰が多い所には、光もたくさん隠れているはずなんだ」

それから七年経った今も、彼はボーデン湖とシャッフハウゼンの間を行き交うこのライン川遊覧船にまでこの小さな本を持ってきている。そう、これだけを……。そこに書かれているように、「何かが減少すれば別のものが増加し、どこかで増加があれば別の所で減少する」ものだから。

「何もかも、ノロノロとしか進まないんだ」

一九九一年の残りについてコメントするシュトッカーは、言葉数が少ない。シアド・バレ[5]大統

---

(4)　中国、春秋戦国時代の思想家。道家の祖。伝承では紀元前六世紀ごろの人物とされているが、実際にもう数世紀後だと思われる。『老子道徳経』(雄松堂出版、一九七八年)なども参照。

(5)　(一九一九～一九九五)　一九六九年、クーデターで政権を握る。一九八〇年、ソマリア大統領に就任するが、一九九一年に統一ソマリア会議が首都を制圧するとナイジェリアに逃亡。

領時代の最後の三年間、つまり一九八八年から一九九〇年まで、赤十字国際委員会がソマリアに対して組んだ年間予算はそれぞれ四〇〇〇万、五〇〇〇万、六〇〇〇万マルク（当時の日本円で二〇億から三〇億円ぐらい）であり、そのほとんどは北西ソマリアの港町ベルベラの病院に費やされた。運営認可は、任務に就いた最初の六ヶ月の間にシュトッカーが交渉をして得ていた。

シアド・バレ政権が外交慣例という点できわめてやりにくい相手だったことはよく知られているが、それは反乱者相手の戦争がソマリア北西部で始まる前からのことだった。赤十字国際委員会がソマリアに基礎を築くことができたのは、赤十字国際委員会とソマリア赤新月社の密着した共同作業、そしてとくにソマリア赤新月社の社長であるアメッズ博士の功績の賜物であるとシュトッカーは言う。その後の一九九一年から一九九二年冬の戦闘では、モガディシュは四ヶ月間にわたって外の世界から完全に遮断され、最終的に首都だけでも三万人もの死者が出たといわれている。

その戦いの間に、突然、すべてが非常に早いテンポで進み出した。一九九二年の予算は、おそらく一億五〇〇〇万マルクを少し超えるくらいだっただろう。しかし、国際的な寄付共同体を結集させようという努力がジュネーヴではなく現地、つまりナイロビで実を結んだおかげで、この年は一ヶ月また一ヶ月と予算を増額させることができた。この年、赤十字国際委員会のソマリア派遣団に流れ込んだおよそ四億マルクという金額は、最終的に当組織における一九九〇年代初めの大雑把な年間予算のおよそ半分に相当した。

今日の災害援助：飲み水の配給　（写真提供：オーストリア赤十字社）

九〇〇の市町村で、飢えに苦しむ一〇〇万人以上の人々に日々食べ物が供給された。移動医師チームは、南のキスマヨからその一五〇〇キロメートル北方に位置するボサソに至るまで医療援助を行って動いた。ジュバやシェベレの川谷には農業用の種が持ち込まれ、またほとんどの地域で家畜に予防接種をすることもできた。シュトッカーの派遣団は、八〇人の派遣員とおよそ一五〇〇人のローカル社員を抱え、組織史上初めてのことであるが、時によっては二五〇〇人以上ものソマリア人警察官からなる武装護衛つきで任務に就いていた。

一九九二年の時点において赤十字国際委員会は、第二次世界大戦以来、雄大な構想のオペレーションを初めて成功させた唯一の人道組織だった。個々のさまざまな小プロジェクトによってソマリアでの存在を確立させたばかりでなく、その活動は全国規模にまでどんどん広げられていった。

二万人の水兵からなるアメリカ軍がモガディシュに上陸したのは、この年の一二月になってからである。国連は、協力してくれる政府が存在しなかったため、アメリカ軍が上陸するまでソマリアに足を踏み入れることがなかった。当時、私は通信員として何度もソマリアを訪れていたが、そのときの状況は非常に印象深く記憶に残っている。アメリカ軍とは無関係のテレビ局のカメラチームが水兵たちに随伴していた。それに励まされた水兵たちは首都に入り、雄大な構想の戦争オペレーションがまるでシチリア島のパレルモでマフィアのボスを逮捕するための手段であるかのごとくアイディド将軍(6)の追跡を始めたのだが、そのとき、人道的には国のほとんどの地域がすでにほぼ制御可能な状態にあった。もちろん、赤十字国際委員会のおかげである。

何もかも、すべてがシュトッカー次第だった。重要な事柄は、すべて彼一人にかかっていたと言ってもよいだろう。ジュネーヴの本部から考えられるかぎりの援助を受けていたのは確かであり、彼もそれについては感謝するばかりだ。だが、一九九一年一月に派遣団長がモガディシュから避難させられ、そのためにまったく別な意見をジュネーヴへ送っていたらどうなっていただろう。そうしていたら、赤十字国際委員会はおそらくソマリアでのオペレーションを打ち切って、残念ながら、常にかぎりのある財源を世界の別の地域につぎ込んでしまったのではないだろうか。

シュトッカーは言う。

「一九八〇年代の終わりにモガディシュからあたりを見渡してみたとき、アフリカの角(7)にはこの先もまだまだ平和が訪れないだろうとかなりはっきりと感じたよ。そして、自問した。赤十字国際委員会がソマリアでその地位を確保できないとしたら、この地域におけるこの組織の未来はいったいどんなふうに想像すべきだろう。あるいは、そうなればザイール——ローラン・カビラ(8)が支配する現在のコンゴ——のような危機をはらんだ地域での活動を、他日いったいどんなふうに

(6)（一九三四〜一九九六）統一ソマリア会議の権力者。アリ・マハディ・モハメド暫定大統領との間に内戦が生じ、一九九六年、流れ弾に当たって死亡。

(7) アフリカ大陸の東部に角上に突出した地域。大部分はソマリアに属する。

計画することができるのだろうってね」

一つや二つの任務に終わらず、もっと長く赤十字国際委員会にとどまる比較的小さな少数派の派遣員たちも、ほかの国際組織の代表員や外交員の一行のように国から国へ、危機の根源地帯から次の根源地帯へと居を移しながらキャリアを積み、すべてが順調に進めば任務が変わるたびにヒエラルキーの階段を上っていく。しかし、彼らは普通の意味でいう出世外交員ではない。そういう人たちとは違って、赤十字国際委員会の派遣員はどこか遠くの、たとえば外務省のような中央機関で定義される関心を代表するのではなく、彼らの被保護者の関心を——言葉通り——感知し、ジュネーヴへ送られた彼らの知識が本部で評価される前にそれに対処しなければならないのである。シュトッカーいわく、ジュネーヴの本部は派遣団指導部に可能なかぎり主導権を与えてくれる。これも、赤十字国際委員会の構造がもつ長所の一つに数えられる。

かつての総裁ギー・デリュースは次のように言っている。

「赤十字国際委員会の本部は細かい責任はもたない。本部からの指示で実行されるオペレーションが非常に問題の多い業務であることを、ジュネーヴはよく理解しているのだ」

戦場に掲げられる赤十字の旗には、ジュネーヴからの指示を待っているときの途方に暮れている派遣員、ひいては途方に暮れているその派遣団と同じだけの価値がある。そして、シュトッカーはこのことをとても大切なことだと思っている。この旗が、その信頼性と維持し続けている威信を委ねられるのは派遣員だけであり、逆に旗を信用してくれているのもまた派遣員だけなのだ。その代わり、派遣員は他組織の代表のように所定の事務手順の一番端に座ってもう一方の端から指示を受けなければならないということはないし、さらにどの資材についてもその都度まず許可をもらって、それからそれを調達し、その後にやっと発送が許されるということもない。

もちろん、オペレーションが必要な支援を受けるときには、本部との円滑なコミュニケーションはきわめて大切である。しかし、何かを決定するときには派遣員の裁量に任せられるところが非常に大きく、自由に手はずを整えられるだけでなく、必要とするものすべてを現地で手配し、即刻行動を起こすこともできる。派遣員はあらゆる意味で全権代表員であり、戦場での指揮はオペレーションの進行だけでなく、それが実現されるかどうかということまで決定してしまうこともしばしばだ。しかし、ここでシュトッカーが言い添える。

「派遣員の求めるものが組織内での出世や特権ではなく、責任であるのならば」

（8）（一九三九～二〇〇一）一九六〇年代のコンゴ動乱で左翼民主主義者として戦う。三二年にわたる独裁を崩壊させ、一九九七年に大統領に就任し、国名を「ザイール」から「コンゴ民主共和国」に改名。二〇〇一年に暗殺される。

青年時代のシュトッカーに対して職業相談員は、ファッションカメラマン――彼は視覚型の人間なのだそうだ――としての資質のほかに、教師としての天分も保証してくれた。ところが彼は、今日に至るまで、書面にされたコンセプトや官庁が練り上げた教科課程を知らぬままだ。しかし彼の場合、監督者であることは避けることのできない任務の一部であり、その監督者として、彼の眉毛はやっぱり教室の中でも無言で何かを問いかけたそうにしている二つの「S」の効果を十二分に与えていたことだろう。

　教師は自然な権威を身に着けていなければならないといわれているが、彼の兄弟の中に、毎週毎週土曜日になると父親からお小遣いをもらわなければならなかった教員養成所通いの姉がおり、この先例のおかげで、シュトッカーは早いうちから教師の道には進もうと思わなくなっていた。

　彼は北西スイスのフリックタールにあるメーリンという村で、三人の姉妹と二人の兄弟とともに育った。彼、つまりペーター＝ゴットフリート・シュトッカーは下から二番目で、三人いる息子の真ん中である。彼はノイエンブルクの商業学校で一年間何とか勉強を続け、卒業した後にバーゼルで商業見習いを始めて、少なくとも余暇の出費については自分でやり繰りができるようになった。見習いを終えた後は商社に勤めたり工場の交代制の労働者として働いたりしたが、二三歳でスイスを離れて一年半をイギリスで、もう一年半をイタリアで、五年をパリ、六ヶ月をスペインで過ごした。最初はどこの国でも語学学校に通い、その後その国でしばらく働いた。たいていはホテル業か、有名な靴屋であるロンドン・バリーなどの――そう、黒い靴も扱う――販売業だった。

「靴を売っていた当時ほど人間について学んだことはない」と、彼は言う。

ジュネーヴには、窮地から逃れるため、あるいは大学を卒業した後に、給料をもらいながら一年くらいアジアやアフリカ、あるいはラテンアメリカを見る機会を逃す手はないと思って志願してくる人が多い。知人からそういう可能性のあることを聞いた後、シュトッカーは二年間考えた。しかし、適性のある人間の中で躊躇をしたのは彼だけではなかった。

一九九〇年代の初め、赤十字国際委員会の評判は、エレガントなジュネーヴの高級感や農民のように抜け目のないスイス的な偏狭さに代表されるようにまだまだ非常に独特だった。赤十字国際委員会は、原則的にその知識を外に漏らすことがない。その上、甚だしく道理に反する出来事が起こったときには、常に彼らだけが唯一の目撃者となっていることをかんがみれば、頻繁に、そしていとも簡単に批判されるこの秘密保持という特異な道徳性に対しては並々ならぬ自覚が要求される。だが、ほんの七、八年前まで、マスコミに対して数人の派遣員が極度に無愛想な、時には言語に絶するような態度をとっていたのは、度を超えた自尊心というよりほとんどの場合は戦場について回る不安のせいである。そしてそれは、教育不足やこの人道にかかわる警察官こと派遣員の多くに見られるプロフェッショナル性の不足の現れだった。そこにはまた、世界大戦がスイスに落とした長い影が加わる。残念なことに、赤十字国際委員会もこの相続した負荷にあまりにも長い間うまく対処できずにいた。

一九四二年一〇月、委員会は歴史的な決定を下す。ドイツの強制収容所内における生活についてジュネーヴの中枢が知っていたこと、つまり帝国を除いたほかのどの国よりも詳細に通じていたことを公表しないことにしたのである。赤十字国際委員会が問題の時期の公文書を公開したのは、一九八〇年代も後半になってからのことだった。

赤十字国際委員会の声望《せいぼう》、つまりその高雅《こうが》で少々酩酊気味ですらある自尊には広く防衛の傾向が認められるが、その根源は、人道にかかわる陰謀とも思えるものの中に映し出されて、たびたびその姿を再現しているようである。だが、問題はそれだけではなく、世間に知られたくないからという理由で行動が制御されることもなければ、メディアに対する攻撃的な姿勢が困窮している人々により確かな保護を、ひいては任務の成功に対する見通しがよくなることを赤十字国際委員会に保証してくれることもない。反作用として現れる防衛的な行動パターンは活動そのものにその原因があり、それは状況が困難だと、いやそれどころか難しすぎると判断されるとより活発になる。

もちろん、一つの派遣団の背景にはたくさんの問題があるだろう。難しい派遣団をいくつも率いた――ソマリアの後はアフガニスタンのカブール（一九九三年～一九九六年）、続いてサラエボ（一九九六年～一九九九年）――シュトッカーほど、そのことをよく承知している人間はいないだろう。しかし、彼の経験によると、オペレーションにつきまとう制限は状況からというよりも組織がもつ制限自体から生じるのが通例だという。

彼は、人道的援助の動機やその義務について語るずっと前から、何度もこのことを繰り返している。目標がたいていはっきりと認識されている一方で、問題となることはただ一つ、「どうしたらそこへ行き着けるのか」ということである。そして、確かなことは、なぜそこにたどり着けないかという説明をしてみても、それは答えにならないということである。にもかかわらず、ある問題意識に凝り固まってしまう危険性は大きい。その問題意識は戦地における多くの任務の中でまさに蔓延し浸透していくのだが、そうなるともはや解決法を発展させようとはせず、その代わりにその解決策がどうして不可能かということをあらゆる論拠の中で分析し、反論の余地をなくしてジュネーヴに伝えてしまうのである。その結果、分かることといえば、どうしてどうにもならないか、どうして無理なのかということだけなのだが、それだけにそこでは非常に丹念な説明がなされる。

「だめだ、なぜなら……」、もう少し洗練された言い方をすれば「残念ながらだめですね、というのは……」がこの主義の論理と方法論であり、それは実際の状況が困難であればあるほど簡単に四方八方に広がって固定化してしまう。そしてまた、スイスではミスが許されない、あるいは許されるとしても不作為のときのみにかぎられているという事実もそれに加担している。

一九七九年、シュトッカーは三一歳で赤十字国際委員会にやって来た。以来、赤十字国際委員会で活動するに際してもっとも重要な前提条件とは、ジュネーヴが相変わらず重要視している大学卒業よりも、できれば見知らぬ環境における職務経験であるという。これは、彼が実際に何度も経験して確信したことだ。大学では、解決法を探す姿勢よりも前述した問題意識の方をより増進させてしまうのである。私たちが「才能」と呼ぶものは、「おそらく信念《コンヴィクション》の別名――不断の努力や不断の思考なる力を除いて――であろう」とオーウェル(9)は書いている。だが、シュトッカーは、良い教師というのは自分自身を疑問視することができるべきであるし、このことは赤十字国際委員会の派遣団においてはさらに重要だという。自分たちの文化から外に出ていく扉は、普通、外側へ押し開かれるのだといずこでも繰り返し信じられてきているようであるが、それは道教の格言によればたいてい内側へ開くものなのだそうだ。

よく使われる言葉の中に「ヴィジョン」というのがある。この言葉が使われているのは人道組織の中だけではないが、それらはまた特別だと見え、その広い視野や私心のなさ、無欲、そして恐れを知らぬ心の偉大さがこの言葉によって保証されるようである。ヴィジョンは、それ自身にも、そしてヴィジョンをもつ人間にも気づかないものであるらしい。

ヴィジョン、ヴィジョン、ヴィジョン……何度も耳にすると何とも身震いがしそうではないか。これまであまりにも多くのヴィジョンなるものが、あまりにも頻繁に遠慮会釈もなく出現してきた。それも、生みの親だけでなく人間全員、とりわけヴィジョンにふさわしい人間を除いたとしても。

シュトッカーにとってヴィジョンとは、まったく別のもの、なくてはならぬものである。自分の文化や自分自身との距離を十分早いうちに知り、それを試し終えたということ、つまりスタートしたということは派遣員にとって計り知れぬ利点となる、と彼は言う。スタートした人間だけが、ある道の存在を知ることができる。その道は、よく言われるように目標ではないが、この道にいてこそそこへ向かって動いていくのであるから、やはり目標であることに変わりはないのかもしれない。

そして、ヴィジョンとは、ある道が存在するという確信でもある。「大部分は到達されない。なぜなら、行動に移されないから」と、スペインのイエズス会士でもあるバルタザール・グラシアン(10)はすでに三五〇年前に言っているが、それは今でも同じである。あるいは、シュトッカーの精神的ふるさとにちなめば、「スローガンは『不可能な習慣を破れ《ブレイク ザ インポシビリティ ハビット》！』」である。

つい先日、儒教の国韓国のソウルで、カフェの入り口の上にそう書かれているのを見た。道教の「道《どう》」は「道《みち》」という意味ではないのか。「『道』が形や命あるもののふるさとであり」、どうしてもこの道を行くしかないのであれば、老子の小さな本『道徳経』、つまり『道の本』という題名をもつ唯一のこの本は、シュトッカーのような流浪の生活を送る人間の荷物の中には絶対になくてはならないものとなる。なぜなら、「『道』が失われるということは、命が失われるという

---

(9)（一九〇三～一九五〇）ジョージ・オーウェル。イギリス人作家。代表作に『動物農場』『一九八四年』など。

(10)（一六〇一～一六五八）イエズス会の高僧、学者。国王の顧問を務める。代表作に『賢者の教え』など。

こと」でもあるのだから。

ところが、「明るい『道』は暗く見える」し、「平坦な『道』はでこぼこに見える」[11]。人道的外交が行くのは独特の道だ。現在、赤十字国際委員会の委員長ヤコブ・ケレンベルガーの個人的なアドヴァイザーであるピエール・クレーヘンビュールは、以前シュトッカーが率いるアフガニスタン派遣団にいた。その彼が言う。

「激戦の首都カブールの状況を想像してみてください。ムジャヘディン[12]が、自分の陣地内に寝転がっています。その気になれば、あなたは前線全体に沿ってその陣地を鑑定し、詳細まですべて観察することができます。また、記章がついたトヨタのランドクルーザーは、好きなときにいつでも一人で敵の所まで走らせることができます。毎日毎日、自分や自分の兵士に向かって発砲してくる敵の所であいつはいったい何をしているんだろう、とムジャヘディンの指揮官は思うでしょう。ですから、訪問しても敵とは一言もしゃべりません。そうしないと、こっちでだって口を開いてしまうかもしれませんよね。なにせあなたは、敵の陣地にも前線のこちら側の陣地にも同じように通じているのですから」

そして、「そのような状況にいる派遣員は、彼らの旗がもつ権威だけに頼ってはいられない」と、クレーヘンビュールも注意を促す。必要とされる信頼を生み出せるのは派遣員ただ一人であり、そのときに発生する医師や弁護人の黙秘義務にも劣らぬ秘密保持は最低条件でしかない。これは誰にも変えようがないため、ジャーナリストにとっては面目をつぶされるような大打撃である。

彼らは、接近のチャンスをつくってくれる人々をこの上なく愛し、それだけに拒否する人々をよりいっそう嫌う。赤十字国際委員会は何でも秘密にしたがるという歪められた理由で前述のように中傷されており、その中では真実を愛する純粋な心や人類の適応能力に対する憂慮が道徳的に高らかと訴えられているが、これがすげなく拒絶をされたジャーナリストの仕返しであることは明らかである。彼らは、この拒絶をどうしても個人的に受け取ってしまうのである。彼らが侮辱されたと感じるのは調査を侵害されたからではなく、周知のごとく過小評価しかされることのない彼らの自尊心を傷つけられたからなのだ。

ジャーナリスト、とりわけニューヨークなどに住む著名ジャーナリストは、自ら強調しているように赤十字国際委員会を嫌悪しており、国際的に弾劾されている戦争当事者とのありとあらゆる共犯、つまり組織の全権を一度として心にとめることなく、とまどいもせずにいとも簡単に共同正犯に走っていると委員会を非難する。しかし、赤十字国際委員会の派遣員に課された第一の任務は難民救助ではない。彼らがそれをするのは、たいていの場合現地に最初に到着するのが彼

(11)（一九四四～　）スイス人。外交官を経て、二〇〇〇年一月に赤十字国際委員会の委員長に就任。

(12)アフガニスタンのゲリラ組織。「イスラム聖戦士」の意。一九九二年、旧ソ連寄りの政権を倒すが、その後国は内戦に陥る。

らであり、武力抗争へと噴出するその前に彼らの組織が危機をはらんだその地域ですでに活動していたからである。だが、彼らの伝来の任務というのは、戦時捕虜（エリトリアのエチオピア人捕虜やエチオピアのエリトリア人捕虜、イランのイラク人捕虜やイラクのイラン人捕虜など、自分の軍隊の内部事情をすべて彼らに明かしてくれるこれらの兵士）の世話であり、秘密保持という代価と引き換えに、彼らは監視されることなく兵士たちと話しあうことができるのである。

というわけで、ジャーナリストは派遣員をねたまずにはいられない。事件というものは、ご存知の通り彼らが現地入りしてから起こるのが常であり、彼らはそれに関する標準的な意見をすでに自宅で準備してきている。そして、最後に言わせてもらえば、その意見はもともと彼らの意見ではなく、ジャーナリストにとってはどのように責任が分担されるべきかということより、彼らが責任を分担するということの方がずっと大事なのである。

激戦の町カブールでこの派遣団長が勝ち得たような信頼《フェアトラウエン》に関しては、人道的外交が国家間の外交と異なるべきところ、つまり貰うのではなく与えようとする、それも有意義にできるだけのものを与えようとすることが決定的な前提条件となる。信頼《フェアトラウエン》は、もともとそれをもっている者しか与えることができない。発音をほんの少し変えると、これがまたシュトッカーの言うヴィジョンとなる。彼は、次のように表現する。

「話し相手がその人自身を信じている以上に自分も自分自身を信じなければならないが、それだけじゃない。自分で自分を信じる以上に、相手のこともまた信じなければならないんだ」

これはソマリアやボスニア、あるいはコソヴォなどの発砲事件が起こるような場所では無鉄砲に聞こえるし、またこのような態度はドストエフスキーの『白痴』に登場するムイシュキン伯爵[13]をわずかに思い起こさせたりはしないだろうか。あれほどたくさん人間の友人をもっていながら、抜け出してきた夜へと結局また戻っていくしかなかった彼を。

だが、二〇年にわたる任務で得たシュトッカーの経験はそれとはまた異なる。人道的援助の根本理念、つまり紛争と無関係の一般市民を無用に苦しめないという理念をはねつけられたことはどこにいても一度もなかった、と彼は言う。紛争両派の代表が軍事的な関心事や政治的な関心事を優先するのは確かだが、赤十字を禁止できるといつまでも思っている人間は一人もいなかったのである。

赤十字国際委員会にやって来て二二年が過ぎ、二〇〇〇年が始まるとともにベルグラードの派遣団を引き継いだ時点で、シュトッカーは七つの任務を終えていた。長く職場をともにしているほかの派遣員に比べるとこれは異常に少ない数であり、一九八八年から一九九三年までのソマリアでのような五年にも及ぶ任務というのは、この組織の最近の歴史においては今日に至るまで恐らく唯一のケースであろう。信頼――それは「ヴィジョン」であり「道」であり、そしてすべての派遣団における最初の「目標」である――は、目的を達成するための手段としてしか対話の努

(13)　ドストエフスキーの『白痴』の主人公。純真無垢の青年公爵。

力がなされないときではなく、その固有の価値が認められて初めて生まれる。外交を伴わない人道的介入などありえない。赤十字国際委員会の外交は相手に拷問を加えず、圧力をかけず、脅すこともまた軍事的制裁でせき立てたりすることもない、とシュトッカーは言う。そして、相手にかすかな好意を気づかせないでおくのは派遣員の使命とは相容れないことだ、と眉毛を盛り上げる。そして、その後には聞き取ることのできる静けさが残る。だが、「最終的に……」と、また彼は話し始める。

「協力を求めている方である組織の意向を相手に納得してもらうなんてどうでもいいことなんだ。大事なのは、協力すれば彼ら自身の利益になるということを分からせることなんだよ。紛争状況では時間がかかることもある。私の派遣団では、普通、事が本当に動き始めるまでにはいつも最低一二ヶ月から一八ヶ月はかかっていたね」

時間は、おそらくシュトッカーにとってもっとも大事なキーワードだろう。それは「道《どう》」であり、どんな固い石も屈してしまう柔らかな水が流れる道なのだ。一九九〇年代、赤十字国際委員会は切迫した緊急事態――戦争のクライマックスにおいて典型的なエマージェンシー――を除き、慢性的な危機の根源地帯で、あるいは安定化や復権が大切となる戦後においてますます盛んに関与するようになり、それが理由で派遣員に課された中くらいの任務期間が延長されることもあった。このような発展の中、模範的なオペレーションで常に一歩先を行っていたシュトッカーは、赤十字国際委員会がいつも一番に現地に来ていたという事実よりも、アフガニスタンのような国で二〇年もの間、一時として戦争に背を向けたことがないということを誇りにしている。

　赤十字国際委員会の任務環境が世界レベルで変わってきているにもかかわらず、二五歳の大学卒業者たちのうち、たとえばアフガニスタンの任務期間は一年半から二年だが、それが終わって組織を去っていく人間は半分にも満たない。これは、委員会にとってやはり有益なことである。理想をいえば、もう少し長期間に及ぶ任務を経験させたい。そうすれば、それ相応の義務を負うことから、もう少し拘束力のあるアンガージュマン[14]が生まれるのではないかとシュトッカーは期待する。

　派遣員が軍隊と交渉するのは、容易なことではないと思われる。なぜなら、ユニフォームに身を包んでいるのは、人を殺したり、殺すように命令を下したりする邪悪な人間なのだから。派遣員たちは、紛争の中で発言権をもたない人々や排除されている人々の代理をしているのだが、一方でそれは、これらの人々の運命を手中にしている大将軍《ウォーローズ》を通じて行われる。ここに、人道的外交の矛盾した性質がある。このような最高司令官と応対する際には、必ず存在する意見の相違を気にかける必要はないし、その相違を即座になくそうと思う必要もさらさらない。大切なのは、

---

(14)　約束・契約・関与の意。第二次世界大戦後、サルトルにより政治的態度表明に基づく社会的参加の意として使われ、現在、一般に意思的実践的参加を指す。

その意見の相違がどのように伝えられるかということなのだ、とシュトッカーは言う。『道徳経』には、「適格な『道』とはいさかいなき御業である」とある。傷つけるな、敵をつくるな、これがシュトッカーの主義だ。こう聞いただけでは単純なようだが、たとえばラドヴァン・カラジッチ氏(15)に対してこの主義を貫き通すのはやはり簡単なことではあるまい。たとえ彼の妻がボスニア・ヘルツェゴビナ連邦のスルプスカ共和国にある認知されていない赤十字社の社長であり、ひいては同じ標章を使用する権利をもつにもかかわらず、である。

しかし、「適格な人間は傷つけることなくして誠実」であり、シュトッカーの至芸はこのような人道的外交術の中にあるのだと、ピエール・クレーヘンビユールやシュトッカー

若者の兵士の中には女性も（エルサルバドル） © Yoshitaka Ofuchi

ともに働いてきた赤十字国際委員会のメンバーは請けあう。彼は書類の束を隅から隅までチェックし、すべての数字をそらんじているようなせこい談判者ではないのだ。

　遊牧者にとって書面にされたものはあまり意味がない、とシュトッカーは言う。しかし彼は、静かに見守りながらもがっちりと凝り固まった相手を無理やり――それも前へ――動かしてしまうような雰囲気をつくり上げる術や、控えめな態度をとる術を身に着けている。ヴィジョンを与え、一歩下がり、すぐ後ろをついていく、というのが彼の処方箋だ。つまり、「進歩の『道』は後退しているように見える」のである。それでも、非常に困難な状況があるかもしれないと彼は言う。「だめだ、なぜなら……」は、前進を続けさせる姿勢ではない。動きをもたらせるのは、いつの場合も「よし、だが」だけである。「よし、あれもこれも可能だ。だが、それが私たちの組織の原則にかなうときのみ」という具合に。

　シュトッカーに言わせると、その際にこれらの原則をまずとくとくと弁じ立てたり、政府や反乱組織に国際人道法を無理やり覚えさせたりしてもあまり役には立たないそうである。よく行われるように、責任転嫁をして悪いのは向こうだと言い張るよりは、人々の苦悩を何度も繰り返して訴える方が有意義なのだ。彼は「疑《プリンシパル》惑《オブ》の《ザ》元《ダウト》」という彼独自のヴィジョンを大切にしてい

(15)（一九四五～　）セルビア人。セルビア人共和国大統領、セルビア民主党党首を務める。スレブレニツァやサラエボにおける大量虐殺の容疑で、現在デンハーグの国際法廷に起訴されている。

る。つまり、どんな相手にも常に善意的な動機を想定すべきだというのである。

「汝の敵を愛せよ！」、これは新約聖書のメッセージだが、私たちはまだまだ旧約聖書の中、要するに選び抜かれた民族や一族、氏族、部族、そして忘れてはならないことに隣人を愛する私たちの家族からなる旧約聖書の世界に暮らしているとシュトッカーは言う。刑事弁護人という手本に倣い、彼も自分の委任者を不利な立場に追い込むことはどんなことがあろうと絶対に自分の使命ではないと思っている。たとえ、その政治的代表者がどんなにひどく邪悪な行動をしていたとしても。彼の課題は、委任者の負担を軽減することに徹底しているのだ。

シュトッカーはミスをしたことがある――たとえばエルサルバドルで。この国で、彼のサブ派遣団は政府のコントロール下に置かれていない地域に入って活動していた。そのとき軍の将校の一人が、ゲリラへの協力から武器の売買に至るまで彼を甚だしく非難し、国の軍隊もそれに対して明白な証拠をもっていると主張した。それに対してシュトッカーは、そんなものは自分の組織には何の価値もないと言い放ち、それっきり話しあいを終わらせてしまったのである。

一方、成功を収めたときというのは、その理由がはっきりしないことが多いと言う。一九八八年、ソマリア政府が最終的に譲歩して、赤十字国際委員会の病院をベルベラに認可したのはどうしてだろう。「詳しいことはもう覚えていない」と、シュトッカーは言う。

「でも、オリエントの君主の話というのがあってね。その君主は、三人の継承候補者の中から大臣を一人選ぼうとしていたんだ。彼らを試験するために、その君主は三人をものすごく複雑な錠で閉じられたある扉の前まで連れていき、それを開けるように命じたんだね。その中の二人が必死になってその錠を開けようとしている間、三人目の男はひとまず腰を下ろして二人の様子を眺めていた。だが、いきなり飛び上がったかと思うと、軽やかな手つきでこの扉を押し開いたんだ。そう、もともと鍵など全然かかっていなかった扉をね。シアド・バレの政府がどうして譲歩したのかは知らない。アメッズ博士が一度言っていたのだけれど、彼らはどうやら、私があきらめることはないだろうと気づいたらしいよ。一つだけ確かなことは、どれだけ楽観的に考えているときでも、シアド・バレ大統領との会見を請願したことはないということさ」

成功のチャンスがどんなに大きくとも、会見をすればソマリアの大統領は「ノー」と言うしかないこともありうるからだ。

ソマリア赤新月社の社長であるアメッズ博士は、五年にわたるソマリアでの任務の間、シュトッカーにずっと随行してくれた彼のキー・パーソンである。このときの経験は、今でもなお彼の活力の基となっている。すべてのオペレーションにおいてもっとも困難なのはオペレーションを背景に適応させることだが、それは背景自体、そしてその中で出会う人々から学ぶしかない。それゆえ、地元赤十字社の代表者と協同で行う作業には計り知れない価値があると彼は言う。シュトッカーのところでは、上級《シニア》ローカルスタッフが赤十字国際委員会派遣団のミーティングから締め出されることはない。それは、人道的外交においてはガラス張りの明瞭さが重視されるべきだからという理由からだけではない。状況をよりよく把握しており、それに加えてすでに一〇年、一五年と組織のために活動してきている地元の人間のバックグラウンドが大切なのだ。彼らの経験は絶対に欠かすことができないが、それだけではなく彼らのアンガージュマンもまた不可欠だという。すぐに納得できることだが、彼らのアンガージュマンは外国人《エキスパトリエイツ》のそれとはまた異なるものだから……ここは彼らの国なのだ。シュトッカーが、彼らを最適な働きをもたらすことができるポジションに就けようとするのはそのためである。

このような視点は、ここ数年の間に赤十字国際委員会の中で普及してきた戦術「アプロシュ・ムーヴマン」の一つである。一九九七年一月、モントルー近郊のグリオンで「未来の討論《デバアヴニア》」(16)を正式に発表して以来とくに普及が進んだ。この「未来の討論《デバアヴニア》」は、今では幹部がアイデアを交換するフォーラムとしてしっかり定着している。

「アプロシュ・ムーヴマン」は、各国赤十字社(あるいはイスラム社会の赤新月社)内のさまざまな組織およびその上部機構である国際赤十字・赤新月社連盟事務局からなる世界的な赤十字運動と赤十字国際委員会との拡大、強化された協同作業に可能なかぎりすべてを任せようとするものである。派遣団長とジュネーヴの部長は、互いの協力のもとで、組織内や各任務地の背景にある文化をもっと意識的に変遷させせようと試みているが、その試みをうまく支えているのが「未来の討論《デバアヴニア》」である。その不変の目標とは、困難で危険な状況の中では困窮している人々のできるだけ近くにとどまること、そして、そのオペレーションの背景に最適となるように組織をアレンジすることである。それにはまず信頼、具体的には派遣されたそれぞれの環境で信用されることが肝要である。そのためには何よりも、地元の人々や政治的代表者から派遣団がどのように受け取られているかということについてできるだけ注意深く観察する必要がある。また、信用を勝ち得るには地元のパートナーや協力組織に責任を譲る覚悟も不可欠だ。

シュトッカーは、今でも「偵察隊」と呼ばれているジュネーヴのこの組織が関係者から高慢だと思われかねない偵察隊のままにとどまってそれを非難され続けるか、あるいは赤十字国際委員会に赤十字という名の運動が有する資源を引っぱり出すことができるかがポイントだという。何しろ、この赤十字運動は地域的なさまざまな枠内で、世界の中のおよそ二億人もの人間を活動させており、年を経るとともにますます威厳を備えつつあるのだから。

シュトッカーが率いていた派遣団は、さまざまな分野で組織の発展に先行していた。シュトッカーは、当時アフリカ派遣員総代表だったピエール・ガスマンと彼の後任者であり今日のオペレーション部長であるジャン＝ダニエル・トーの協力を得ながら、世界初のソマリア武装派遣団で——これも赤十字国際委員会の歴史においては新しい——プロフェッショナルなメディアワークを戦場に取り入れた。このメディアワークは独立した活動プログラムの一つとして数えられ、固有の予算内訳をもらって、具体的にプロフェッショナルなスポークスマンという形を現地で次第

(16) スイスのレマン湖畔にある町。夏に開かれるジャズフェスティバルが有名。

に整えていった。

赤十字国際委員会の規約には国際的な危機外交の支援という任務があるが、カブールではシュトッカーの派遣団が初めてそれを現実化している。赤十字国際委員会とは無関係の外交員を運搬するために、自分たちの兵站業務を提供したのである。赤十字国際委員会の長所はそのままこの運動の長所でもあると考えているシュトッカーは、ソマリアにいるときにパイオニアであることを実証したのみでなく、ボスニア・ヘルツェゴヴィナではこの「アプロシュ・ムーヴマン」を通して派遣団長としての素質も実証している。このときは、二〇〇〇年三月までバルカン・タスクフォースのリーダーだったピエール・クレーヘンビュールとEuramo（ヨーロッパ、アメリカ、中東）ゾーンのオペレーション部長アンジェロ・グネーディンガーに指導および支援をしてもらった。今日、ボスニア・ヘルツェゴヴィナでは一二のサブ派遣団のうち八つがローカルスタッフに率いられており、これもまた最近の「ジュネーヴ組織」においては唯一の現象となっている。

ローカルスタッフの増強に対する抗議や赤十字国際委員会の独立性に対する戒告は一般論であり、創造的ではないとシュトッカーは考える。中立という概念はそこから行動が生まれてこないかぎり無意味であり、これまた「だめだ、なぜなら……」となるだけなのだ。もちろん、戦争中には両方の前線にいる派遣団を簡単に交戦者の手に委ねることはできない。このことは、ピエール・クレーヘンビュールも指摘している。ボスニアで再度戦争が勃発すれば、地元の人間が務めるサブ派遣団長は重大な問題を抱えることになるだろう。このことも容易に予測できる。しかし、一九九九年の春にコソヴォで人道的大災害が発生し、アルバニア人、マケドニア人、モンテネグロ人、そしてセルビア人を含めた全体地域構想で反応する以外になくなったときには、各国赤十字社との機能的な協同作業の重要性が一瞬にして明らかとなった。

ソマリア派遣団指導部の事務所がまだモガディシュにあったとき、シュトッカーはナイロビでは絶対に仕事をしないと言っていた。そして、ナイロビでは、絶対にヨーロッパへは行かないと言っていた。これを変えさせたのが一九九〇年代のバルカン戦争であることは明らかだが、この戦争は、同様に世界も、少なくともヨーロッパもいくらか変化させた。派遣員事務所の中心には、通常、とても分かりやすい非常によくできた任務地域の地図がぶら下がっている。シュトッカーはサラエボに着いてまず例のじゅうたんを巻き広げると、続いてもともとかけられていたヨーロッパの大きな地図をこの地図と交換した。これが、サラエボで彼が果たした最初の職務だった。

「この町がどこにあるか、みんなに分かるようにね」

サラエボにいる彼がヨーロッパから離れたくなると、シュトッカーはそのたびにとくに好んでボスニアのイラン大使とともに夜を過ごし、中央アジアの重要な町カブールやアフガニスタンについて討論した。もちろん、赤十字国際委員会の派遣員が政治的な意見を述べることは許されない。たとえば、カストロ(17)とホワイトハウスの制裁処置、あるいはプーチン(18)とチェチェン、また国境もアイデンティティもなく、それゆえにすべての隣国を煩わしている国パキスタンについてなど。

これらの事柄について、シュトッカーから意見を引き出すことはできない。赤十字国際委員会の派遣員は政治的な意見をもっていてもそれを口に出すことはないし、そういう意味では独特の秩序を世界中に押しつけた冷戦においてさえも中立を保っていたといえよう。この冷戦が終了した後、たとえばアフリカなどで「これを喜ぶのは誰か」とますます強く問われるようになったが、このような問いに詳しく答えたり、自分は共産主義者だの資本主義者だのと言ったりしなくてもすむのであれば、人道的外交官の負担も少しは軽減されるのかもしれない。しかし、ベルグラードの事務所にもう一枚別のヨーロッパの地図を掛けようが掛けまいが、それはシュトッカーの自由である。実際、二〇〇〇年の年初に彼はもう一枚の地図も掛けておくことにした。ソルフェリーノの戦いの前、シュトッカーだったらどうしていただろう。赤十字がまだ存在していないときである。

「そうだなあ。その質問、ジャンニ・バケッタにしてくれない？」

ジャンニ・バケッタとは、シュトッカーがハルツームで初めての任務に就いたときの派遣団長である。一九八〇年に私の旅の同伴者が事務所を訪れたが、結局会えなかったあの団長だ。それからシュトッカーは、「でもまあ、大事なのはうまくやることだって」と言い足して笑う。

シュトッカーが新人だった初めの数年間、赤十字国際委員会でいわばシュトッカーの政治教育係を務めていたバケッタは、まだ若いころに過激派パレスチナ人に協力したという嫌疑をかけられてエジプトの刑務所を内側から知るという経験をしていた。外見からして、ベレー帽なしでもどことなくチェ・ゲバラ[19]を思わせるところがあった。革ジャケットの膨らんだポケットから出てくるのはリボルバー以外には考えられない。もちろん、エジプトの公安警察が抱いたこの疑惑には何の根拠もなかった。しかし、シュトッカー同様、私の目にもバケッタは、いつまでも政治を論じてやまず、また赤十字国際委員会から場所と活動範囲をもらうことができた彼の世代の典型的な代表者に映った。

スイスには、ジェイムス・フェントン[20]のような男たちが原始林の中をさ迷い歩いたり、第三世界で戦争を経験したりした後に自分の出発点を再発見し、四〇歳から詩学を教えたりするような世界的に有名なカレッジはないのである。

---

(17)（一九二六～　）キューバの政治家。一九五三年以来バティスタ政権に対する武装闘争を展開し、一九五九年にこれを倒して首相となり、社会主義革命を推進した。
(18)（一九五二～）ロシア連邦の大統領。旧ソ連の国家保安委員会勤務に始まり、二〇〇〇年に大統領に就任。
(19)（一九二八～一九六八）アルゼンチン生まれの革命家。キューバ革命に参加し、カストロ政権下で要職を歴任。ボリビアでゲリラ軍の指揮中に捕られて処刑。
(20)（一九四九～　）イギリスの詩人・エッセイスト。一九七四年に東南アジアへ渡り、ベトナムやカンボジアの動乱をレポートする。オックスフォード大学教授。

シュトッカーの中でも、またある革命家が生き延びている。ただしそれは、苦々しい不満や憤りにひねくれ、それを原動力とする熱狂者のようなたぐいの革命家ではない。そう、死活にかかわるほどの深いフラストレーションに苦しみながら、それを美徳のみでできたイバラの冠につくり変え、(21)イデオロギーで造られた待避壕には唯一射撃用の穴しか開いていないというような革命家ではないのである。

シュトッカーのユーモアはとても生き生きとしている。それよりももっと生き生きとしているものとなると、もう一つしかない。美しいものに対する感動である。たとえば自然に対して、あるいは今、シャフハウゼンへ向かうライン川遊覧船を二人で待っている町コンスタンツの旧市街にあるバロックファサードに対して。彼のユーモアには、それでも例の不屈さや鉄のようなゆるぎなさが感じられ、笑い声の中には秩序を呼びかける声がかすかだが常にはっきりと聞き取れる。単に笑い声が漏れるだけ、ということはないのだ。

彼は、個人生活と仕事のどちらかを選ぶという決定を迫られたことはないのだろうか。彼のような、アンガージュマンと家庭を両立させることは可能なのだろうか。「そういう問題もあった」と、シュトッカーは言う。そして、彼は仕事を選んだ。だが彼は、自分自身や自分の願望を他人のために犠牲にするドストエフスキーのムイシュキン伯爵ではない。彼は、善意というものをものすごく信用している。ほとんど無制限に、と言ってもよいぐらいだ。民主主義の中で多数の意思が間違ったことを求め、さらにそれを実行することが許される……そういうことに彼は苦しむ。だが、何ものにも勝る善意であっても、それイコール解決策の一部となることはない。

シュトッカーと討論するに及ばない事柄が一つある。指導的立場にある西側の大国、つまり西洋の帝国主義と植民政策が何世紀もの間人道的犯罪に深く関与しており、私たちはそれ相当の重大な責任を負っているということである。いつの時代にも地上のあらゆる場所で民族同士が考えられるかぎりの苦しみを与えあっていたのなら、一番ひどいのはそれをもっとも効果的に行い、それゆえにもっとも深い傷を残していった民族ではなかろうか。そして——私は彼をこう理解するのだが——それだけではなく、彼らはかなり多くのことをより良くすることもできたに違いないのだ。

シュトッカーが繰り返し言うように、私たちヨーロッパ人は、これまでの歴史の中で発生したたくさんの苦しみや不公平に関して連帯責任を負っているのだろうか。それならば、人道的アンガージュマンの意義とは埋めあわせでなくてはならないのではないか。人道的アンガージュマンの原動力は同情であって罪悪感ではないし、また遺憾という感情でもないとシュトッカーは言う。そうではなくて、それは犠牲者が受ける政治的屈辱に対する同情《コンパッション》なのだ。一貫した指導原理、つまりそのメソッドは感情移入や思いやり、あるいはシュトッカーが単純な言葉で言うように、とにかく彼らと一緒にいることなのだ。

(21)「イバラの冠を被る」は「苦難に耐える」ことの比喩。

「食べるものがパンしかないならば、口は迷わずそこへ行き着く」

コンスタンツ旧市街のあるファサードにそう書かれている。「これを書いたのは楽観主義者だったに違いない」と、シュトッカーはそっけなく言う。

「コメディアンじゃないかな」

次の夜、私はこのファサードに話を戻したときにうっかりそう言ってしまった。すると彼は、「人間、パンだけで生きているわけじゃないからね。そう言いたかっただけさ」と笑う。だが、またすぐまじめになって言う。

「戦争犠牲者に食べ物を用意することはできるけれど、それだけでは絶対に彼らを昔ながらの生活に戻してやることはできないんだ」

革命家シュトッカーの中に贖罪者をほとんど見つけることができないとしたら、それは同情という原動力にまだ何か別のものが加わっているからだ、と私は想像する。ソマリアやアフガニスタンのような紛争状況を耐え抜くためには、確信よりも平静が必要だ。だが、この平静が本来のインスピレーションとかシュトッカーが言いそうなヴィジョンといった覆すことのできない信念、あるいは認識の表れでないとしたら、それはいったいどこから来るのだろう。確かに、「善行という楽しみ以外に使い古されることのない楽しみはない」という格言もあるけれど。

至る所で常に善行を求める革命家は、この惑星ではもう人道的分野における活動にしかふるさとを見いだすことができないのではないだろうか。

派遣員は五七歳になると退職できる。この日は、もうそれほど遠くない。シュトッカーは五二歳だ。彼はどうするつもりなのだろう。南国の海岸でゆっくりと休養したいとは思わない。メーリンの両親の家にはくつろげる場所がたくさんあるし、彼の場合そう呼べるかどうか分からないが、帰省休暇の際には、この家の一角に住んで万事を管理している弟の手助けをしようとする。この遊牧民は帰還するのだろうか。

「あらかじめ知ることは見せかけの『道』であり、愚行の始まりである」

私たちスイス人のことを話すとき、シュトッカーははっきりと「君たち」と言う。彼の提案で、メーリンにはここ当分の間風水のエキスパートが招かれている。庭の中の風と水の関係を極東風に整えてくれる人である。いっぺんに何もかも今すぐというわけではないが、一五年くらい先には終わるだろう。それともう一つ、彼が眉毛を大きく揺らしながら言ったことを書き留めてある。しかし、ペーター＝ゴットフリート・シュトッカーが言うように、すべてを明かすことはしないでおこう。

訳者あとがき

二〇〇一年九月一一日に起こった同時多発テロ以降、世の中は瞬く間に不安定になった。国家と国家の戦いというよりも、いまではテロリストが住民を巻き添えにしながら同じ国の中で、あるいは世界規模で戦いの火花を散らしている。大規模な戦いの中では、ソルフェリーノの戦いのように人間と人間が一対一で戦いあうのではなく、兵士は遠い所から爆弾を発射させるだけで、実際に人を殺しているという感覚のないまま何百人、何千人もの命を奪っている。

アンリ・デュナンが言ったように、私も戦争がなくなることはないと思う。人間に我があるかぎり、欲があるかぎり、私たちは戦い続ける。人の命を奪っていることを実感しないまま、罪のない犠牲者が出るのは仕方がないと言い訳をしながらミサイルを発射させている。そして、ニュースは各地で舞っている火の粉を毎日のように報道し、私たちは死者や負傷者の続出にも心から揺さぶられることがなくなってしまったような気がする。

このような世の中で飽くことなく活動を続ける赤十字国際委員会は、ギリシャ神話の中で無償の努力を永遠に続けるシシュフォスのようだ、とふと思った。大きな岩石をやっとのことで山の頂上まで押し上げても、その岩はまたゴロゴロと下まで転がり落ち、シシュフォスはいつまでも

いつまでもこの岩石を頂上に運び続けなければならない……。

本書を訳し始めたころ、たまたまジュネーヴに住む友人を訪ねることになった。「どこか行きたい所は？」と聞かれて、「国際赤十字・赤新月社博物館」と即答した。この博物館は、国連のヨーロッパ本部など国際組織の建物が並ぶ緑あふれる街外れにある。残念ながら、あまり時間がなくゆっくりと回ることができなかったが、ここには「登録カード」の一部、第一次世界大戦中に記録された七〇〇〇万枚が収められており、ずらりと並ぶキャビネットを見たときは「赤十字ってこんな地味な忍耐のいる仕事をやっていたのか」と少し胸を打たれた。「コカ・コーラ」よりも知名度のある赤十字の「エリート」は、戦時捕虜を訪問してその家族に消息を知らせるため、そしてまた捕虜を保護するため、一枚一枚のカードに彼らの個人データを記録し続けているのである。

第二次世界大戦が終わって六〇年近くが過ぎようとしている現在でも、当時行方不明となった人々の生存を確かめようと、赤十字国際委員会のもとには毎日一〇〇〇件以上の問い合わせがあると新聞で読んだ。それればかりか、第一次世界大戦時の行方不明者についてもいまだに年間を通して二〇〇〜三〇〇件の問い合わせがあるという。これらの数字を見ると、赤十字がいかに大切な役割を負っているかがよく分かる。

話は突然変わるが、ある作家の話によるとドイツ語圏では厚みのある本の方が売れるらしく、実際の話、三〇〇ページで収まるような書籍はあまり目にしない。本書も原書は三五〇ページほどの厚さで、邦訳にあたっては残念ながら抄訳とせざるを得なくなった。省かざるを得なかった章の中には、著名なジャーナリストのマイケル・イグナティエフが赤十字国際委員会の歴史や問題性をひも解いたエッセイや、原爆投下後の広島で活躍したこともある赤十字国際委員会の派遣員マルセル・ジュノー博士が、一九三六年から一九三八年までスペインで行った仕事に関するレポートなどもある。どれも多くの方々に読んでいただきたいものばかりだが、本書で取り上げた章だけでも、これまで知られていなかった赤十字のさまざまな面をお伝えできたと確信している。

さて、今回本書を手に取らせたのはまたしても私の無知さであったが、赤十字国際委員会が本部を置くスイスにしてみても赤十字についてそれほどよく知っているわけではないようである。赤十字の創立者であるアンリ・デュナンの名前すら知らない人もいる。フランス語圏へ行けばまた違うのかもしれないが、私の住むチューリヒ近辺では「IKRK（赤十字国際委員会のドイツ語の略名）」という名称を知らない人もいた。「灯台下暗し」なのかもしれない。

知り合いのオーストリア人にこの話をしたら、彼は「オーストリア人なら、アンリ・デュナンの名前は誰でも知っているよ。学校でちゃんと教わるんだ」と自慢する。だがその後、別のオーストリア人に「アンリ・デュナンを知ってる?」と聞いてみたところ、返ってきた答えは「誰だい、そりゃ」。この二人、年代はそう違わないはずなのに……。

しかし、最初の彼の話はあながち嘘ではないのだろう。今回の訳書にあたっては、オーストリア赤十字社にたいへんお世話になった。原語がフランス語の「ソルフェリーノの思い出」をドイツ語で翻訳出版しているオーストリア赤十字社に版権について相談したところ、快く「代金は要りません。どうぞ翻訳してください」と言ってくださったばかりでなく、「これも自由に使ってください」とドイツ語版の原書も一冊送ってくださった。本書に載せられている写真の多くは、このドイツ語版『ソルフェリーノの思い出』から使わせていただいたものである（他に、赤十字国際委員会、国際赤十字・赤新月博物館、大渕喜隆氏よりもご提供いただいた）。この寛大なオーストリア赤十字社と並んで、株式会社新評論の武市一幸氏にも心から感謝の言葉を贈りたい。前回に引き続き、「読者を念頭に置いた翻訳」、「読みやすい翻訳」についていろいろと勉強させていただいた。それでも訳者として、まだまだ力不足を実感することばかりだが……。

本書を訳している間にモスクワで劇場占拠事件が起こり、アメリカで同時多発テロが起こり、その後アフガニスタンが攻撃され、いまは一応戦後といわれるイラクでアメリカ兵に対する攻撃が続いている。赤十字はまさに休む暇もない。創立以来、確実に成長してきた赤十字だが、これからも拡張していくのだろうか。それとも、拡張せざるを得ないのだろうか。

二〇〇三年　九月　チューリヒにて

小山千早

訳者紹介

小山　千早（こやま・ちはや）

1963年、三重県志摩郡生まれ。

日本大学短期大学部国文科卒業。1989年、結婚を機に渡瑞。

1994年にゲーテ・インスティトゥートの小ディプロム（Kleines Sprachdiplom）を取得し、翻訳活動を始める。

文芸作品のほか、環境・人権・社会問題をテーマとした書物の翻訳を中心に、ドイツ語圏と日本の間の交流に貢献できればと願う。現在、スイスドイツ語の手話を勉強中。

訳書として『放浪するアリ』新評論、2001年がある。

武器を持たない戦士たち
——国際赤十字——

（検印廃止）

2003年11月10日　初版第1刷発行

訳　者　小山千早
発行者　武市一幸

発行所　株式会社　新評論

〒169-0051
東京都新宿区西早稲田 3-16-28
http://www.shinhyoron.co.jp

電話　03(3202)7391
FAX　03(3202)5832
振替・00160-1-113487

落丁・乱丁はお取り替えします。

定価はカバーに表示してあります。

印刷　フォレスト
製本　清水製本プラス紙工
装丁　山田英春

Printed in Japan
ISBN4-7948-0603-5 C0036